VT 648 433
NWB

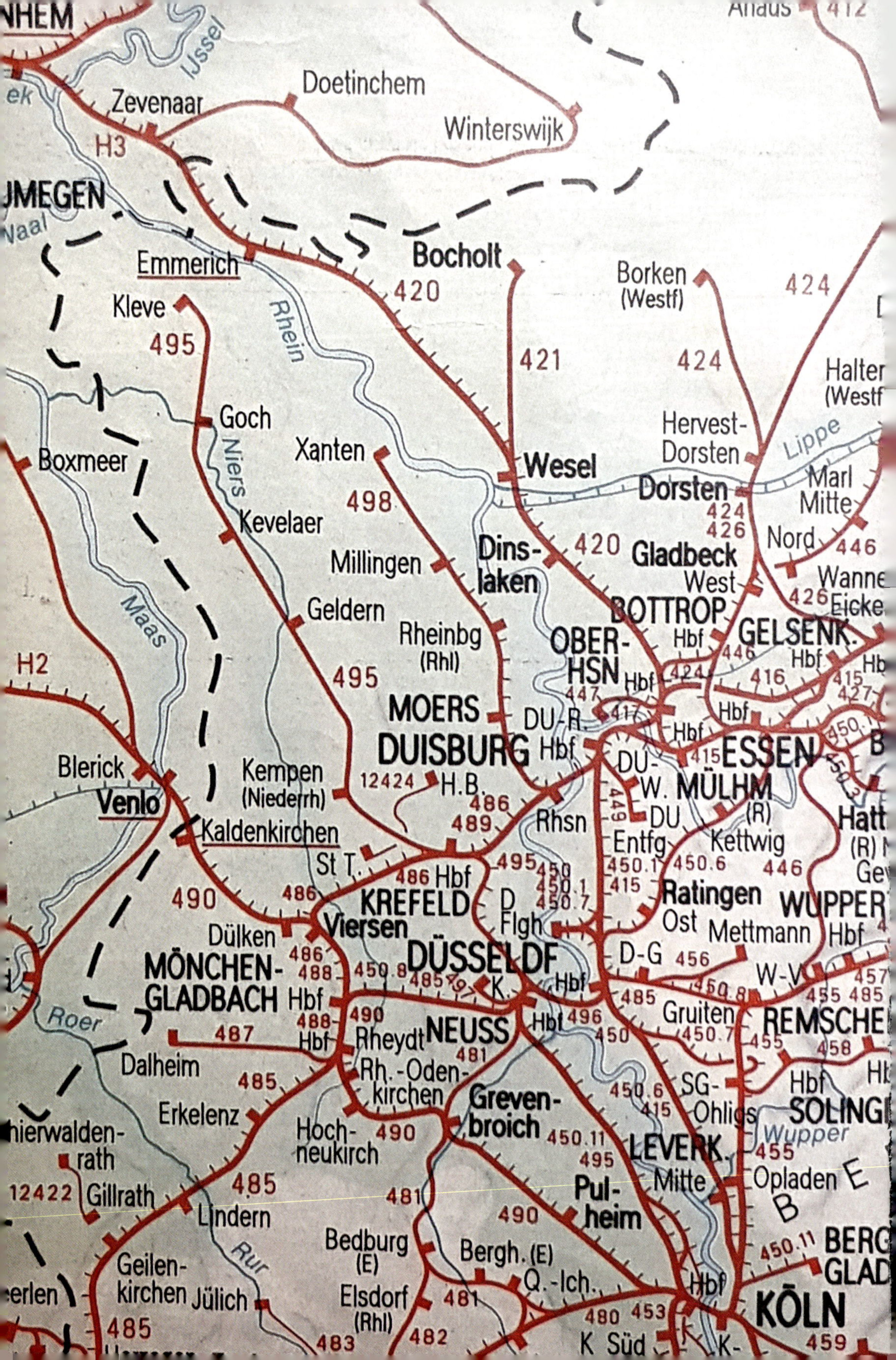

Zevenaar
Doetinchem
Winterswijk
H3
Emmerich
Bocholt
420
Borken (Westf)
424
Kleve
495
421
424
Halter (Westf)
Goch
Xanten
Hervest-Dorsten
Lippe
Boxmeer
Niers
Rhein
Wesel
Dorsten
Marl Mitte
Kevelaer
498
424
426
Nord
446
Millingen
Dinslaken
420
Gladbeck West
Wanne-Eickel
Maas
Geldern
Rheinbg (Rhl)
BOTTROP
426
GELSENK.
Hbf
H2
495
OBER-HSN
Hbf
446
Hbf
424
416
415
MOERS
DU-R.
447
417
427
Hbf
Hbf
450
DUISBURG
Hbf
415
ESSEN
Blerick
Venlo
Kempen (Niederrh)
12424
H.B.
DU-W.
MÜLHM (R)
Hatt (R)
486
449
DU Entfg
Kettwig
Kaldenkirchen
489
Rhsn
St T.
495
450
450.1
450.6
446
486 Hbf
450.1
415
Ratingen Ost
WUPPERT Hbf
490
486
KREFELD
D Flgh
450.7
Dülken
Viersen
Mettmann
MÖNCHEN-GLADBACH Hbf
486
488
450.8
485
DÜSSELDF
D-G
456
W-V
457
K.
Hbf
485
450.8
455
485
Roer
488
Hbf
490
NEUSS
Hbf
496
Gruiten
REMSCHEI
487
Rheydt
481
450
450.7
455
458
Dalheim
485
Rh.-Odenkirchen
Grevenbroich
450.6
415
SG-Ohligs
Hbf
SOLING
Erkelenz
Hochneukirch
490
450.11
495
LEVERK. Mitte
Wupper
455
Opladen
485
481
Pulheim
12422
Gillrath
Lindern
490
BERG GLAD
Rur
Bedburg (E)
Bergh. (E)
450.11
Geilenkirchen
Jülich
Q.-Ich.
Hbf
Elsdorf (Rhl)
481
480
453
KÖLN
485
483
482
K Süd
K-
459

Manfred Diekenbrock und Daniel Michalsky

Niederrhein

50 Highlights aus der Bahngeschichte

Fahrzeuge • Strecken • Bahnhöfe

SUTTON ZEITREiSE

MAERSK

DB
56 2839

Liebe Leserin, lieber Leser,

an einem regnerischen Montag – die Sonne fehlt – haben wir uns auf den Weg gemacht, um eine neue Regionalbahnlinie und ein neues Fahrzeug kennenzulernen. Begleiten Sie uns von Bottrop aus mit dem RE 44 an den Niederrhein – vielleicht bekommen wir schon Hinweise auf erste Highlights. Der moderne Doppelstockzug, den wir in Bottrop besteigen, besteht aus nur zwei Wagen. Drei Monate soll er für die NordWestBahn (NWB) zwischen Bottrop und Moers pendeln, wobei eine nicht mehr ganz neue Ellok der Baureihe 111 der DB als Zuglok dient.

Wir passieren das Betriebswerk Oberhausen-Osterfeld, das als letztes DB Cargo-Bw am Niederrhein eine große Anzahl von Diesellokomotiven beheimatet. Unser Zug fädelt sich in die Hauptstrecke von Amsterdam nach Köln ein und fährt über Oberhausen nach Duisburg. Wenig später überquert er den Rhein und erreicht Rheinhausen. Hier verlässt der RE 44 die Hauptstrecke und fährt weiter nach Moers. Regionalzüge fahren von hier aus nur noch bis Xanten, denn die weitere Strecke nach Kleve wurde stillgelegt. Auf dem Weg nach Moers durchfahren wir Rheinberg. Von hier führt eine noch vorhandene, aber nicht mehr genutzte Güterbahn nach Kamp-Lintfort zum Bergwerk West. Anlässlich der Landesgartenschau 2020 auf dem ehemaligen Zechengelände hatte es viele Bemühungen gegeben, die Strecke zumindest für Sonderverkehre wiederzubeleben, doch an diesem Februartag sieht es so aus, als scheitere das Projekt an Bedenken von DB Netz. Doch tatsächlich wird es den Verantwortlichen – mittlerweile trotz der Corona-Krise – am 16. Mai gelingen, dass planmäßige NWB-Züge das Gelände der LAGA erreichen. Gleichwohl werden wohl noch einige Jahre ins Land ziehen, bis die Stadt Kamp-Lintfort wieder einen normalen Bahnanschluss bekommt.

Wir sind auf der Suche nach vergangenen und aktuellen Highlights der Eisenbahngeschichte am Niederrhein und konnten schon einige Ideen sammeln: Vielfältige Industrieanschlüsse, stillgelegte Bahnbetriebswerke, fast vergessene Kleinbahnen. Über all das sprechen wir auf unserer Weiterfahrt von Moers über Rheinhausen, wo vor wenigen Jahrzehnten noch Stahl gekocht wurde, in Richtung Mönchengladbach und beobachten vom Zugfenster aus Krananlagen zur Umsetzung von Containern, Kesselwagenzüge für das Chemiewerk in Uerdingen sowie Fahrzeuge für den Nah- und Fernverkehr im Werk der Deutschen Bahn.

Das alte Krefelder Betriebswerk für Dampflokomotiven sehen wir auf der rechten Seite. Es wird heute noch für Privatbahnen genutzt. Bevor wir in den Bahnhof von Mönchengladbach einfahren, bewundern wir die farblich im Stil des „Rheingolds“ gestalteten Fahrzeuge der Centralbahn AG, die mit ihren Sonderzügen deutschlandweit unterwegs ist. Auf dem Weg nach Köln

Ellok-Klassiker 111 067, der normalerweise seinen Dienst in Baden-Württemberg verrichtet, mit einem Regionalexpress der Linie 44 nach Moers.

erinnern wir uns, dass Schnellzug-Dampfloks des Betriebswerks noch bis weit in die 1960er-Jahre hinein hier im Einsatz waren. Die relativ späte Elektrifizierung des Bahndreiecks Mönchengladbach–Köln–Aachen hatte die Dampflokbaureihen 01, 03 und 23 noch lange unverzichtbar gemacht, während entlang des Rheins bereits die elektrische Traktion vorherrschte. 1976 endete aber auch am Niederrhein die Zeit der Dampflokomotiven und das große Abschiedsfest in Stolberg ist ein Highlight, das in unserem Buch nicht fehlen darf. Das ist auch ein Grund, weshalb wir den Begriff „Niederrhein" recht weit fassen, um so der Bedeutung der Eisenbahndirektion Köln für den Bahnbetrieb am Niederrhein gerecht zu werden. Die letzten deutschen Industriedampfloks in planmäßigem Einsatz müssen Sie natürlich ebenso kennenlernen wie den „Schluff" in Krefeld und die einst bedeutende Bahn von Wesel über den Rhein in die Niederlande.

Wussten Sie, dass zwischen Wesel und Rees früher sogar eine Straßenbahn am Rhein entlangfuhr?

Erleben Sie mit uns 50 Highlights der Bahngeschichte. Wir haben sie aus einer Fülle von Geschichten rund um die Eisenbahn am Niederrhein ausgewählt und wünschen viel Spaß beim Lesen und beim Betrachten der Bilder.

Als Autoren bringen wir auch persönliche Eindrücke und Erlebnisse in den Text ein. Wir sprechen dann von uns als „Manfred", „Daniel" oder – wie in dieser Einleitung – als „wir". Für tolle Bilder, die Durchsicht dieses Buches sowie den einen oder anderen wertvollen Hinweis sind wir ganz besonders Sven-Oliver Müller, Denis Möller und Paul Zimmer zu Dank verpflichtet. Darüberhinaus bedanken wir uns bei den Eisenbahnfreunden OnWheels e. V. für vielfältige Unterstützung.

Daniel Michalsky und
Manfred Diekenbrock

1 Wechsel der Stromsysteme
Grenzbahnhof Emmerich

Im Grenzbahnhof Emmerich trafen bis vor wenigen Jahren die unterschiedlichen Stromsysteme aus Deutschland und den Niederlanden aufeinander. Hier erfolgten früher traditionell die Lokwechsel. Heute können moderne Mehrsystem-Fahrzeuge einfach durchfahren. Kurz hinter Emmerich, in Zevenaar, beginnt die als „Betuwe-Route" bezeichnete Güterzugstrecke zum Hafen Rotterdam.

Ganz im Norden des Kreises Kleve an der Grenze zu den Niederlanden liegt die Stadt Emmerich mit rund 30.000 Einwohnern. Ihr Bahnhof befindet sich an der zweigleisigen, elektrifizierten Hollandstrecke und ist deutscher Grenzbahnhof. Auf niederländischer Seite ist Zevenaar Grenzbahnhof – hier beginnt die Betuweroute.

Der Emmericher Bahnhof ging zusammen mit dem Abschnitt Emmerich–Zevenaar–Arnheim am 15. Februar 1856 in Betrieb. Die Cöln-Mindener Eisenbahn-Gesellschaft (CME) war es, die die Strecke erbaute und betrieb. Ab dem 20. Oktober des genannten Jahres konnten Züge sogar bis nach Dinslaken fahren.

Vom Ende des Ersten Weltkriegs 1918 bis zum Ende des Zweiten Weltkriegs 1945 bestand in Emmerich sogar Anschluss an die normalspurige Kleinbahn Wesel–Rees–Emmerich, die wir Ihnen in Kapitel 5 vorstellen. Der Übergabebahnhof der Kleinbahn mitsamt einer Wagenhalle lag im östlichen Bereich des Bahnhofs. Die Strecke führte auf der Straßenseite am Bahnhof vorbei.

Zum 16. März 1961 erfolgte die Zusammenlegung der deutschen und niederländischen Grenzabfertigung des Güterverkehrs der beiden Grenzbahnhöfe Emmerich und Zevenaar im Bahnhof Emmerich.

Bis 2017 war der Bahnhof Emmerich ein sogenannter Systemwechselbahnhof, in dem die Spannungsversorgung der Oberleitungen zwischen den beiden Stromsystemen (Deutschland: 15.000 Volt, 16,7 Hertz, Wechselstrom; Niederlande: 1.500 Volt, Gleichstrom) im Bahnhofsbereich umschaltbar war. Der Wechsel beider niederländischer Stromsysteme zwischen Wechsel- (25.000 Volt, 50 Hertz) und Gleichspannung (1.500 Volt) findet heute im Bahnhof Zevenaar Oost statt, an dem die Betuwe-Route, die mit modernem Wechselstrom nach französischem Vorbild betrieben wird, von der Hauptstrecke nach Arnheim abzweigt, die das alte Gleichstrom-System nutzt. Der Wechsel zwischen dem deutschen Stromsystem und dem der Betuwe-Route erfolgt auf freier Strecke zwischen Emmerich und der Staatsgrenze.

Heute stehen im Bahnhof Emmerich für den Personenverkehr zwei Inselbahnsteige mit vier Gleisen zur Verfügung, wobei Gleis 2 und 3 als Durchfahrgleise dienen, an denen stündlich die von Düsseldorf aus verkehrenden Züge des RE 19 „Rhein-IJssel-Express" halten,

Im Grenzbahnhof Emmerich übernimmt am 6. Dezember 1978 Ellok-Klassiker 103 165 den TEE 17 „Erasmus", der von Den Haag nach München verkehrt, von NS-Lok 1106.

seitdem die Verbindung nach Arnheim verlängert worden ist. Die fünfteiligen, mehrsystemfähigen Elektrotriebwagen vom Typ „FLIRT" der Firma Stadler werden von Abellio eingesetzt. Der aktuell fehlende Fernverkehrshalt wird immer wieder politisch diskutiert. Die restlichen Bahnsteiggleise werden im Regelfall nicht von haltenden Zügen bedient. Nördlich der Bahnsteige stehen weitere Gleise für den Güterverkehr zur Verfügung und im östlichen Bereich gibt es südlich der Streckengleise noch mehrere Abstellgleise. Westlich des Bahnhofes zweigt ein Anschlussgleis zum Hafen ab.

Das Empfangsgebäude des Bahnhofs ist durch einen Korridor mit den Bahnsteigen verbunden. Direkt neben dem Korridor befinden sich ein Taxistand und der Emmericher Busbahnhof mit einer Park-and-Ride-Anlage.

Von der Bahnstrecke Oberhausen–Arnheim zweigt seit 2007 – wie oben erwähnt – in Zevenaar Oost die Betuwe-Linie ab. Sie ist eine der wichtigsten Güterfernverkehrsstrecken Europas, da sie den Rotterdamer Hafen mit dem europäischen Hinterland verbindet und eine schnelle Verbindung garantiert. Über sie rollen täglich sehr viele Züge in das Ruhrgebiet, andere Regionen im Südwesten Deutschlands, in die Schweiz und darüber hinaus nach Italien. Der Name der Strecke stammt vom niederländischen Landstrich Betuwe, den sie teilweise durchquert. Sie besitzt einige kurze Abschnitte mit einer für den Güterverkehr ungewöhnlich starken Neigung von 25 Promille (zum Vergleich: bei der Gotthard-Bergstrecke in der Schweiz sind es 26 Promille) und ist für den Doppelstock-Containertransport vorbereitet, der problemlos durchgeführt werden könnte, wenn der Fahrdraht höher gehängt werden würde.

2 Von Kleve über Krefeld nach Düsseldorf
Unterwegs mit dem RE 10

Von Kleve kann man heute in den modernen Dieseltriebwagen vom Typ Coradia LINT 41H (Baureihe 648) des RE 10 „Niers-Express" nach Krefeld oder weiter nach Düsseldorf fahren (vgl. Vorsatz). Die Züge verkehren zu Stoßzeiten halbstündlich mit bis zu drei Triebfahrzeugen.

Um den Weiterbau der Trasse von Köln über Neuss nach Krefeld, den wir in Kapitel 40 beschreiben, wurde viel diskutiert. Etliche potenzielle Anlieger warben um einen Gleisanschluss – die Grafschaft Moers, die alte Römerstadt Xanten sowie die Kreise Kempen, Geldern und Kleve. Die drei Kreise hatten ein unschlagbares Argument parat, schenkten sie der Eisenbahngesellschaft doch Bauland und befreiten sie von allen Kommunalabgaben.

Die Cöln-Crefelder Eisenbahngesellschaft (CCE), die das erste Teilstück der „Linksrheinischen Strecke" von Köln nach Krefeld initiiert hatte, das heute zweigleisig und elektrifiziert ausgebaut ist, ging 1860 in der Rheinischen Eisenbahngesellschaft (RhE) auf. Diese begann im Jahr 1862 mit dem Bau der Strecke nach Kempen, wo am 1. Dezember noch desselben Jahres der erste planmäßige Zug aus Krefeld den neuen Bahnhof erreichte. Die weitere Strecke bis nach Kleve wurde dann zum 3. März 1863 dem Betrieb übergeben.

Von größerer Bedeutung war die am 19. April 1865 für den Güterverkehr und zwei Tage später für den Personenverkehr eröffnete zehn Kilometer lange Weiterführung über die Griethausener Eisenbahnbrücke, über die wir im übernächsten Kapitel unter „Altrheinbrücke" berichten, den Trajekt Spyck–Welle und Elten bis zur niederländischen Grenze. Ermuntert dazu hatte die RhE die Nederlandsche Rhijnspoorweg-Maatschappij (NRS), die bereits eine Bahnstrecke von Rotterdam und Amsterdam über Utrecht und Arnheim bis zur niederländisch-deutschen Grenze betrieb. Dort hatte sie seit 1856 Anschluss an die Cöln-Mindener Eisenbahn (CME) von Emmerich nach Oberhausen, die sogenannte Hollandstrecke. Der CME fehlten aber Verbindungen nach Süddeutschland, nach Österreich und in die Schweiz. Dieser Umstand veranlasste die NRS zusammen mit der RhE, die inzwischen mit ihrer Rheinstrecke über Bingen einen Anschluss an das süddeutsche Netz hatte, über eine Bahnverbindung via Kleve zu sprechen. Der Versuch beider Gesellschaften, bei der holländischen Regierung zu Gunsten der RhE eine Konzession für den Bau einer Strecke ab Kleve über Nimwegen nach Arnheim zu erreichen, scheiterte an der grundsätzlichen Einstellung der niederländischen Regierung.

Bis zur Verstaatlichung der RhE im Jahr 1880 lief der gesamte Güter- und Personenverkehr zu den niederländischen Nordseehäfen über Kleve und Zevenaar. Im Jahr 1912 wurden der Trajektverkehr eingestellt und die Gleisrampen auf beiden Ufern abgebaut. Die Fahrgäste mussten fortan mit Dampfbooten

Diesellok 212 237 vom Bw Krefeld befördert am 18. November 1989 einen aus einem „Silberling"-Steuerwagen bestehenden Eilzug von Nimwegen in Richtung Kleve an der deutsch-niederländischen Grenze bei Kranenburg. Damals führte die Strecke, die heute von den Zügen des RE 10 bedient wird, noch weiter in die Niederlande.

übergesetzt werden. Um 1930 wurden auf der rechten Rheinseite die Gleise der Strecke Welle–Elten abgebaut. Dagegen wurde linksrheinisch der Personenverkehr noch bis 1960 und der Güterverkehr zu einer in Spyck direkt am Rhein liegenden Ölmühle noch bis 1987 durchgeführt, ehe die Stilllegung auch diesen Streckenabschnitt traf.

Am 9. September 1865 war dann das letzte rund 28 Kilometer lange Teilstück bis nach Nimwegen in der niederländischen Provinz Gelderland fertig. Bemerkenswert dabei ist, dass Nimwegen selbst erst 1879 an das niederländische Eisenbahnnetz angeschlossen worden ist.

Ab dem 18. September 1965 wurde auf dem Abschnitt zwischen Kleve und der Landesgrenze statt zwei nur noch auf einem Gleis gefahren. Auf der Strecke nach Nimwegen verkehren seit 1991 keine Personenzüge mehr. Mit dem 31. Dezember 1991 wurde der Güterverkehr Kleve–Kranenburg eingestellt und die Strecke stillgelegt. Seit dem 27. April 2008 wird der Abschnitt von Kleve über Kranenburg ins niederländische Groesbeek für einen Freizeitverkehr mit Draisinen genutzt, über den wir im nachfolgenden Kapitel berichten.

Heute handelt es sich bei dem 65 Kilometer langen Streckenabschnitt von Krefeld nach Kleve um eine nichtelektrifizierte Nebenbahn, die aber bis Geldern zweigleisig ist. Aufgrund der Höchstleistungen, die der RE 10 zwischen Kleve und Düsseldorf fährt, gibt es konkrete Pläne zum zweigleisigen Ausbau des Abschnitts Kleve–Geldern und zur Elektrifizierung der gesamten Strecke bis nach Kleve. Für 2025 ist zudem eine neue Linie RB 41 von Geldern nach Düsseldorf geplant, die den Niers-Express entlasten soll. Auf dem Abschnitt Krefeld–Kempen soll bis 2029 der neue Haltepunkt Krefeld-Obergplatz an der St. Töniser Straße entstehen.

In Kempen befindet sich in unmittelbarer Bahnhofsnähe ein Anschluss der Wall Chemie GmbH, der regelmäßig bedient wird.

3 Von Kleve nach Nimwegen
Stillgelegte Strecke mit Draisinenbetrieb

Die linksniederrheinische Eisenbahnstrecke ist 55 Kilometer lang und verbindet als elektrifizierte zweigleisige Hauptbahn Köln mit Neuss und Krefeld. Daran schließt der 65 Kilometer lange nichtelektrifizierte Abschnitt von Krefeld über Geldern nach Kleve an. Von dort sind es noch 28 Kilometer bis nach Nimwegen.

Die Strecke von Krefeld nach Kleve wurde 1863 eröffnet, nachdem die Rheinische Eisenbahn-Gesellschaft (RhE) die Cöln-Crefelder Eisenbahn-Gesellschaft (CCE) und deren Strecke von Köln bis Krefeld übernommen hatte.

Heute fahren auf der nichtelektrifizierten Strecke von Krefeld über Kempen, Geldern, Kevelaer und Goch nach Kleve viel genutzte Regionalexpress-Züge, die von der NordWestBahn (NWB) betrieben werden, wie Sie im vorherigen Kapitel lesen konnten. Bis 1991 diente die Strecke sogar dem internationalen Betrieb, da sie über Kranenburg mit Nimwegen in den Niederlanden verbunden war. So kam es, dass über die eigentlich wie eine Nebenbahn anmutende Strecke auch internationale Schnellzüge verkehrten, bei denen es zu bemerkenswerten Wagenzusammenstellungen und Lokomotiveinsätzen kam.

Werfen wir hierzu einen Blick in die frühen 1960er-Jahre, als das Schnellzugpaar D 307/308 zwischen München und Nimwegen verkehrte. Das Bahnbetriebswerk Krefeld verfügte neben zahlreichen Personenzuglokomotiven der Dampflok-Baureihe 38.10 und Güterzugloks der Baureihe 56.2 über sechs Neubaulokomotiven der Baureihe 23, die unter anderem für dieses Zugpaar zuständig waren. Kurz nach 23.00 Uhr startete der Nachtzug D 307 mit Schlaf- und Liegewagen in München Hbf, um von einer elektrischen Lokomotive gezogen um 8.03 Uhr Krefeld Hbf zu erreichen (Sommerfahrplan 1965). Hier stand der Zug für bis zu 20 Minuten, bevor er seine Fahrt mit der eleganten Dampflok 23 fortsetzen konnte, die ihn ohne weiteren Halt in 43 Minuten nach Kleve und weiter nach Kranenburg und Nimwegen brachte.

Während seiner Sommerferien in der Nähe von Kleve konnte Manfred den kurzen Schnellzug häufig beobachten, und er kann bezeugen, dass man die Uhr nach dessen Durchfahrzeit in Bedburg-Hau stellen konnte.

Im Frühjahr 1965 ging es mit der Dampflokzeit in Krefeld zu Ende. Nur die 23er waren dort noch für einige Monate unverzichtbar, ehe sie nach Emden und Osnabrück abgegeben wurden und Krefeld zum reinen Diesel-Betriebswerk wurde. Eine Aufstellung dazu finden Sie in Kapitel 26.

Dabei ist vor allem zu erwähnen, dass das Betriebswerk in Krefeld Anfang der 1960er-Jahre von der Bundesbahndirektion Köln als Pilotbetriebswerk für Dieselfahrzeuge ausgewählt worden war, denen im Lokschuppen ein eigener, abgetrennter Bereich zugewiesen wurde.

Am 1. Juni 1991 ist E 3738 der letzte Zug, der aus Nimwegen kommend Kleve erreicht.

Jetzt waren es vor allem neue V 100 und V 160, die rund um Krefeld das Gesicht der Eisenbahn auf nichtelektrifizierten Strecken bestimmten. Besonders erwähnenswert ist dabei die Beheimatung der drei Dieselloks der Baureihe 215 mit den Ordnungsnummern 030 bis 032, die im Gegensatz zu ihren ansonsten baugleichen Schwestermaschinen über eine elektrische Zugheizung verfügten und die Traktion hochwertiger Reisezüge übernahmen. Als „Starleistungen" der frühen 1980er-Jahre der „HeiDi-Loks" (HeiDi steht für Heizdiesel) sind dabei vor allem die Schnellzugpaare D 216/217 „Austria-Express" und D 416/417 zu nennen, die Klagenfurt bzw. München über Krefeld und Kleve mit Amsterdam verbanden und auf der Relation Krefeld–Arnheim oft von einer der drei 215er bespannt wurden (vgl. auch Bild Seite 123).

Die Züge verkehrten dabei auf der „Linksrheinischen Strecke" von Köln über Neuss, Krefeld, Kempen, Kleve, Kranenburg und Nimwegen, die wir Ihnen in den Kapiteln 2, 3 und 40 vorstellen. Der Wechsel zwischen Elektro- und Diesellok, der Austausch von Kurswagen – etwa nach Salzburg und Graz – und das Beistellen eines Packwagens erfolgten in Krefeld Hbf.

Die Strecke nach Nimwegen ist seit 1991 außer Betrieb. Seit dem 27. April 2008 wird der Abschnitt von Kleve über Kranenburg ins niederländische Groesbeek für einen Freizeitverkehr mit Draisinen genutzt. Aktuelle Überlegungen, die Strecke zwischen Nimwegen und Kleve etwa als Schnellstraßenbahn zu reaktivieren, scheiterten bisher an zu hohen Kosten. Eine Reaktivierung käme aber vielen Studenten zugute, die zwischen der Universität Nimwegen nahe dem Bahnhof Nijmegen-Heyendaal und Kleve pendeln. Die Provinz Gelderland will mit dem Verkehrsverbund Rhein-Ruhr (VRR) über die Reaktivierung der Bahnstrecke sprechen.

4 Relikt der Rheinischen Eisenbahn

Die Altrheinbrücke bei Kleve

Die Griethausener Eisenbahnbrücke bei Kleve-Griethausen, im Volksmund auch als „Altrheinbrücke“ bekannt, ist die älteste noch erhaltene Eisenbahnbrücke im deutschen Abschnitt des Rheins und steht unter Denkmalschutz.

Harmonisch fügt sich die Altrheinbrücke in das Naturschutzgebiet nördlich von Kleve ein. Leider kann die Brücke noch nicht genutzt werden: Sie wäre es wert, für Radfahrer und Fußgänger restauriert und geöffnet zu werden, um so ein museal wertvolles Bauwerk auch erlebbar zu machen.

Die „Altrheinbrücke“ wurde von 1863 bis 1865 von der Rheinischen Eisenbahn-Gesellschaft (RhE) als Teil der „Linksniederrheinischen Strecke“ von Köln über Neuss, Krefeld und Kleve zu den niederländischen Nordsee-Häfen erbaut und überspannte einen toten Rheinarm. Die Strecke führte dabei von Kleve über Elten weiter nach Zevenaar in den Niederlanden. Der Rheinstrom selbst, der etwas weiter nördlich liegt, wurde hingegen mit einem Trajekt überquert, das von 1865 bis 1912 in Betrieb war.

Das gesamte Brückenbauwerk erstreckt sich über eine Länge von 484,4 Metern und besteht aus einer Hauptöffnung mit einer Spannweite von 100 Metern über den Altrhein sowie zwanzig einfachen Fachwerkträgerbrücken, die das breite Hochwasserbett überspannen. Die Hauptbrücke hat einen schmiedeeisernen Überbau mit zwei parallelgurtigen Trägern, bei denen der bis dahin übliche Gitterträger weiterentwickelt wurde. Die engmaschigen, kreuzweise angebrachten Gitterstäbe werden nur noch im mittleren Teil verwendet – also dort, wo sowohl Zug- als auch Druckspannungen auftreten. In den äußeren Teilen wurden neben den Pfosten nur Streben in einer Richtung eingesetzt.

Weiterhin ist der Werkstoff der Brücke bemerkenswert, da sich das im Puddelverfahren hergestellte Schmiedeeisen durch einen sehr niedrigen Gehalt an Kohlenstoff und einen hohen Gehalt an Phosphor auszeichnet. Beide Stoffe beeinflussen in Verbindung mit den geringen Kupfer- und Nickelanteilen die Korrosionsbeständigkeit des Materials dahingehend, dass die Brücke so gut wie nicht rostet, obwohl der letzte Schutzanstrich vor knapp 100 Jahren in der zweiten Hälfte der 1920er-Jahre aufgetragen wurde!

Während die Trajektverbindung über den Rhein bereits 1912 eingestellt wurde, bestand der Güterverkehr zu einer in Spyck direkt vor dem Rhein liegenden Ölmühle noch bis 1987. Danach wurde die Strecke einschließlich der Brücke stillgelegt. Seit einiger Zeit werden Überlegungen angestellt, einen Radweg über die Brücke zu führen. Dank seines hervorragenden Unterhaltungszustandes könnte dieses Brücken-Denkmal so wieder einer sinnvollen Nutzung zugeführt werden.

5 Ehemalige elektrische Straßenbahn
Die Kleinbahn Wesel–Rees–Emmerich

Vier große Eisenbahngesellschaften, die Rheinische Eisenbahn (RhE), die Cöln-Mindener Eisenbahn (CME), die Bergisch-Märkische Eisenbahn (BME) und die Nordbrabant-Deutsche Eisenbahn, konkurrierten bei der Erschließung des Niederrheingebiets miteinander.

Sie errichteten die wichtigen Verbindungen, sodass sich bis etwa 1880 ein effektives, wenn auch eher weitmaschiges Schienennetz gebildet hatte. Oft führten die Hauptstrecken aber an kleineren und mittelgroßen Städten und Dörfern vorbei, sodass die Bahnhöfe weit außerhalb lagen bzw. gar nicht erst geplant wurden. Zahlreiche Kleinbahnen, die von privaten Gesellschaften, Kommunen und Landkreisen gebaut wurden, verbanden deshalb Industriebetriebe und Ortschaften miteinander und mit den Hauptstrecken.

Triebwagen 6 (Tw 6) der Kleinbahn Wesel-Rees-Emmerich fährt hier im Jahr 1960 auf der Weseler Domstraße in Richtung Bislich.

Eine dieser Bahnen ist eine elektrische Kleinbahn am rechten Niederrhein, deren Anfänge auf eine dampfbetriebene Bahn zurückgehen. Sie verband Rees, eine Stadt direkt am Rhein gelegen, in Meterspur mit der Station Empel an der Hauptbahn von Wesel nach Emmerich. Diese nur knapp sechs Kilometer lange Anschlussbahn wurde gegen Ende des 19. Jahrhunderts für Personen- und Güterzüge eröffnet. Für den Betrieb standen zwei Kastendampflokomotiven sowie mehrere Schmalspurwagen und Rollbockpaare zum Transport normalspuriger Wagen zur Verfügung.

Doch schon vor Beginn des Ersten Weltkriegs beschloss man, eine Kleinbahn von Wesel über Rees nach Emmerich zu bauen, die Kleinbahn von Empel nach Rees auf Normalspur umzurüsten und die ganze Bahn zu elektrifizieren, was tatsächlich noch im Jahr 1914 gelang. Allerdings musste der Eröffnungszug noch von einer Dampflok gezogen werden, denn erst wenige Monate später konnte der elektrische Betrieb von Rees bis an den Stadtrand von Wesel aufgenommen werden. Bis Emmerich war der elektrische Betrieb dann erst nach dem Ersten Weltkrieg Anfang der 1920er-Jahre möglich. Die Länge der gesamten Strecke betrug nun 45 Kilometer.

Die kleine Elektrolok mit der Nummer 15 der Kleinbahn Wesel-Rees-Emmerich rangiert 1960 in Empel einen Güterwagen.

Über 50 Jahre lang (von 1914 bis 1966) konnte man nun parallel zur Hauptstrecke, aber direkt am Rhein entlang, mit dieser Bahn von Wesel bis nach Emmerich fahren und kleinere Ortschaften erreichen, die nicht direkt an der Hauptbahn lagen.

In Wesel führte die Bahnstrecke zunächst zwei Kilometer entlang der heutigen Bundesstraße 8 und folgte dann den Dämmen des Rheins von einem Ort zum anderen. Ab Rees ging es dann wieder entlang der B8. Die Zugdichte war an Werktagen erstaunlich groß: Immerhin verkehrten die Züge dann im Stundentakt, an Sonntagen sogar halbstündlich. Fast zwei Stunden dauerte eine Fahrt über die ganze Strecke. Welcher Eisenbahnfreund würde sich eine solche Reise heute nicht wünschen?

Der Zweite Weltkrieg führte am Niederrhein zu großen Zerstörungen. Ein Betrieb der Kleinbahn war zunächst nicht mehr möglich und im Abschnitt Rees – Emmerich wurde die Bahn gleich durch Busse ersetzt. Erst am 13. Juli 1950 beschloss der Landkreis Rees, die Bahn zwischen Wesel und Rees mit finanzieller Unterstützung des Landes NRW wieder in Betrieb zu nehmen. Die am 9. Juni 1951 eröffnete neue Strecke hatte man in Wesel bis zum Bahnhof der Deutschen Bundesbahn verlängert. Die Trasse war eingleisig und führte durch die langgezogene Innenstadt bis zum Bahnhofsvorplatz.

Doch obwohl die Straßenbahn gut genutzt wurde, kam 1966 im Rahmen des weit verbreiteten „Straßenbahnsterbens“ das Ende. Güter wurden noch einige Monate länger befördert als Personen, doch dann wurde der Strom für immer abgeschaltet.

6 Schon seit knapp 90 Jahren Geschichte
Die Geldernsche Kreisbahn

Von der Geldernschen Kleinbahn finden wir heute kaum noch Reste. Auch sie war wie andere Kleinbahnen am Niederrhein in Meterspur ausgeführt.

Als um die Jahrhundertwende auch weniger besiedelte Bereiche am Niederrhein durch Kleinbahnen erschlossen wurden, konnte sie 1902 ihren Betrieb aufnehmen. Doch bereits vor fast 90 Jahren wurde sie 1934 aus betriebswirtschaftlichen Gründen eingestellt.

Unsere Spurensuche führt uns nach Wachtendonk, wo anstelle der ehemaligen Kleinbahnbrücke eine neue Brücke im alten Stil errichtet wurde, über die heute ein Radweg führt. Gerade die Stadt Wachtendonk hatte großes Interesse an der Bahnverbindung gehabt, weil zahlreiche Klein- und Mittelbetriebe so die Chance bekamen, ihre Produkte in die rheinischen und westfälischen Industriegebiete zu liefern. Im Sommer 1901 wurde das Teilstück von Walbeck nach Kevelaer in Betrieb genommen. Der zweite Streckenabschnitt von Kempen nach Straelen ging etwa ein Jahr später in Betrieb und ermöglichte nun Personen- und Güterverkehr auf der ganzen Strecke. Die Kleinbahn beförderte in erster Linie Güter, bei denen es sich um örtliche Produkte wie Futtermittel, Getreide und Spargel, aber auch um Rohstoffe wie Kies, Sand und Kohlen handelte.

Im Personenverkehr waren Pilgerfahrten nach Kevelaer hervorzuheben. Für die Zugförderung standen zunächst drei kleine dreiachsige Dampflokomotiven zur Verfügung, die die Namen der Städte Geldern (Lok 1), Straelen (Lok 2) und Kevelaer (Lok 3) trugen und von der Firma Hohenzollern AG in Düsseldorf geliefert worden waren. Sie wurden bald durch eine weitere Dampflok unterstützt, der später noch eine fünfte folgte. Hinzu kam auch ein ungewöhnlicher Triebwagen, der Benzoltriebwagen T 1, der 1924 vom Deutschen Werk Kiel (DWK) gebaut wurde. Er lief auf zwei zweiachsigen Drehgestellen und verfügte über 45 Sitzplätze. Sein Sechszylindermotor brachte es immerhin auf 100 PS. Das Fahrzeug erwies sich aber im Betriebsalltag nicht immer als zuverlässig, was wohl auch mit dem relativ schlechten Zustand der Gleisanlagen zusammenhing.

Insgesamt gab es auf der Geldernschen Kreisbahn recht wenig Verkehr. Vor dem Ersten Weltkrieg verkehrten täglich zwischen fünf und acht Zugpaare auf Teilbereichen der Strecke, durchgehende Züge waren selten. Die Fahrzeit von Kempen nach Straelen bzw. von Straelen nach Kevelaer betrug etwa eine Stunde.

In Kempen und Kevelaer hatte die Schmalspurbahn Anschluss an normalspurige Hauptbahnen, allerdings mussten die beförderten Produkte aufwändig umgeladen werden. Ein Umbau von Schmal- auf Normalspur wurde zwar kurz vor Beginn des Ersten Weltkriegs erwogen, aber dann nicht mehr verwirklicht.

Nach dem Krieg führte die politische Lage – zeitweilig waren linksrheinische

So sah Stückgutverladung von der Reichsbahn auf die Geldernsche Kreisbahn im Jahr 1928 in Kempen aus.

Am 10. November 1983 ist die Zeit der Geldernschen Kreisbahn längst vorbei, als 215 025 vor E 3417 von Nimwegen nach Koblenz in Geldern einen Halt einlegt.

Gebiete und Teile des Ruhrgebietes von französischen und belgischen Truppen besetzt – zu massiven Einbußen bei der Kleinbahn, die außerdem noch Konkurrenz durch neue Lastwagen und Busse erhielt. Deshalb wurde im November 1923 der Reiseverkehr eingestellt und der Güterverkehr stark reduziert. Auch wenn die Einstellung des Personenverkehrs nur etwa ein Jahr dauerte und man dann den Fahrplan sogar erweiterte, konnte das Ende der Bahn nicht mehr abgewendet werden. Die Übernahme der Betriebsführung durch die Krefelder Eisenbahn (KE) 1930 bedeutete eine erneute Einschränkung des Betriebs und am 1. April 1932 war dann endgültig Schluss mit dem Schienenverkehr.

7 Zuhause am Niederrhein
Die Bocholter Eisenbahn

Im Herbst 2002 gründeten vier Mitglieder des Vereins zur Erhaltung und Förderung des Schienenverkehrs (VEFS) die Bocholter Eisenbahngesellschaft mbH (BEG). Der Unternehmenssitz war zunächst in Köln, dann in Bocholt und befindet sich aktuell in Dinslaken.

Die Stadt Bocholt markiert den Übergang vom westlichen Münsterland zum Tiefland des Niederrheins. Bahntechnisch gelangt man heute in südwestlicher Richtung direkt an den Rhein bei Wesel, während der Bahnanschluss über Borken und Coesfeld nach Münster schon seit Jahrzehnten bis Coesfeld stillgelegt ist. Die BEG bedient mit ihren Leistungen vorwiegend rechtsrheinisch gelegene Bahnstrecken am Niederrhein.

Bekannt wurde die BEG durch die Einbindung in das Logistikkonzept „Smirnoff Ice on Rail". Für den italienischen Getränkehersteller Diageo plc. wurden im Zeitraum von Dezember 2002 bis April 2004 Spirituosen – überwiegend das Trendgetränk Smirnoff Ice – vom Produktionsstandort in Italien zum Zentrallager des Logistikunternehmen Fiege in Bocholt gefahren. Die BEG übernahm innerhalb dieser Transportkette die Beförderung der Züge zwischen dem Bahnhof Bocholt und dem Fiege-Zentrallager.

Am 16. Februar 2005 hatte die BEG vom Ministerium für Verkehr, Energie und Landesplanung des Landes Nordrhein-Westfalen die Genehmigung zur Erbringung von Schienenverkehrsdiensten im Güterverkehr erhalten. Diese wurde am 19. Oktober 2005 um die Genehmigung zur Erbringung von Schienenverkehrsdiensten im Personenverkehr ergänzt. Die Eisenbahnbetriebsleiter-Dienstleistungen kauft die BEG bei der Häfen und Güterverkehr Köln AG (HGK) ein, einer der beiden Muttergesellschaften der RheinCargo GmbH & Co. KG.

Ab Anfang 2005 erbrachte die BEG den Rangierbetrieb im deutschen Bahnhof Emmerich (im Auftrag der heutigen DB Cargo AG) und im niederländischen Bahnhof Arnheim. Dazu setzte sie zunächst die Leihlok V 664 der Mittelweserbahn GmbH (MWB) ein. Diese Maschine der Gattung V 60 (West) konnte dann 2006 käuflich erworben werden und war damit die erste eigene Lok der BEG, die ferner mit 360 109 Anfang 2007 eine weitere V 60 von der EfW-Verkehrsgesellschaft mbH erwarb. Beide Loks wurden mit einer 10-Bar-Leitung ausgerüstet, um auch moderne Personenwagen auf der Strecke befördern zu können.

Als zusätzliche Leistung übernahm die BEG ab Mai 2007 die Bedienung des Emmericher Hafens. Zeitgleich erfolgte auch die Bedienung des Bahnhofs in Bocholt. Erwähnenswert ist ebenfalls die Übernahme des Rohholzverkehrs im Auftrag der Salzburger Eisenbahn TransportLogistik GmbH (SETG). Nach strategischen Entscheidungen der heutigen DB Cargo AG musste der Standort einer der beiden V 60 von Emmerich nach Oberhausen-Osterfeld Süd verlagert werden, von wo aus jetzt die Bedienung der Emmericher Kunden erfolgt.

Wegen des gestiegenen Frachtvolumens musste eine stärkere Lokomotive beschafft werden. So ergab es sich, dass die BEG zum Jahresanfang 2008 die im nachfolgenden Kapitel vorgestellte Großdiesellok 221 135 von Barbara-Birgit Pirch erwarb. Die durch den Kauf der V 200 freigewordene 202 wurde nun zwischen Emmerich und dem Dormagener Bayer-Werk eingesetzt und 360 109 übernahm seit Mitte 2008 Rangierarbeiten in Düsseldorf Hbf.

In den darauffolgenden Jahren entwickelte sich die BEG immer weiter zum Transporteur. So ist jetzt die Zu- und Abführung von Baufahrzeugen in und aus den Baustellen von weitaus größerer Bedeutung als die Gestellung der Arbeitszuglokomotiven vor Ort. Alleine oder mit Partnerunternehmen wird Schienengüterverkehr im gesamten Bundesgebiet durchgeführt. Kunden dabei sind Unternehmen der chemischen Industrie, Erzeuger und Verwerter von Metallen, Gleisbauunternehmen, Speditionen und auch andere Eisenbahnverkehrsunternehmen, die die BEG mit Vor- und Nachlaufleistungen beauftragen.

Die BEG ist vor allem rund um den Knotenpunkt Emmerich tätig und bespannt zudem seit 2006 mehrmals wöchentlich einen Ganzzug mit Kupferhalbzeug zwischen Lünen und Hettstedt in Sachsen-Anhalt bzw. im Wechsel inzwischen auch nach Emmerich für die Aurubis AG (vormals Norddeutsche Affinerie AG) aus Hamburg, Europas größten Kupferproduzenten und weltweit

V 60 (West) und V 200 der BEG warten hier in Oberhausen-Osterfeld auf ihren nächsten Einsatz.

größten Kupferrecycler. Einen wöchentlichen Shuttleverkehr mit chemischen Erzeugnissen gibt es ab Gladbeck nach Tröglitz – ebenfalls in Sachsen-Anhalt. Für die DB Cargo AG fährt die BEG viermal wöchentlich eine Übergabeleistung zwischen Oberhausen und Emmerich im Einzelwagenverkehr. Bestandteil der Leistungen hier ist seit 2010 fallweise auch die Bedienung des Gleisanschlusses der Max Bögl Fertigteilwerke in Hamminkeln an der Nebenbahn von Wesel nach Bocholt. Hier wurden neben Einzelwagenverkehren inzwischen auch mehrere Aufträge mit Ganzzügen für Tunnelbauprojekte und zuletzt Fertigteile für ein Parkhaus im Vor- und Nachlauf der DB durchgeführt.

Das Unternehmen beschäftigt derzeit neben den beiden Geschäftsführern acht feste Mitarbeiter und einige Aushilfskräfte. Im Einsatzbestand befinden sich derzeit je eine Diesellokomotive der Baureihe G 1206, 295 und 365, eine Elektrolokomotive der Baureihe 140 sowie 14 gemietete Flachgüterwagen vom Typ „Res“.

8 Eine besondere Lokomotive am Niederrhein

Großdiesellok V 200 135

Etwas Besonderes für Manfred und Daniel ist Großdiesellok V 200 135 – oder in der UIC-Bezeichnung 221 135 –, die beiden nicht nur mehrfach begegnete, sondern auch einen speziellen Lebenslauf vorzuweisen hat und über Jahre von Krefeld und Bocholt aus Güter- und Reisezüge durch die Ebenen des Niederrheins schleppte.

1965 von der Firma Krauss-Maffei aus München unter der Fabriknummer 19255 gebaut, gelangte die zeitlos schöne Maschine zunächst am 24. April 1965 zum Bw Kempten, wo sie rund zehn Jahre ihren Dienst unter anderem vor hochwertigen Schnell- und Reisezügen versah. Als herausragende Leistung darf dabei die Bespannung des Sonderzuges der britischen Königin Elisabeth II. zusammen mit einer Schwestermaschine während deren viertägigen Staatsbesuchs in Deutschland 1965 angesehen werden.

Vom Allgäu ganz im Süden an die Ostsee ganz im Norden des Landes ging es für V 200 135 am 1. Juni 1975, als sie nach Lübeck umbeheimatet wurde. Dort konnte sie etwa vor Personenzügen auf der „Vogelfluglinie" beobachtet werden, wobei die Bespannung hochwertiger Züge wegen der voranschreitenden Elektrifizierung immer mehr abnahm. Anschließend kam die Lok ins „Revier" und wurde am 1. Juni 1980 für anderthalb Jahre dem Bw Gelsenkirchen-Bismarck zugeteilt, bevor sie zum nur ein paar Kilometer entfernten Bw Oberhausen-Osterfeld Süd kam. Im Ruhrgebiet wurde V 200 135 „degradiert", weil man sie wie alle Loks ihrer Gattung im Personenverkehr nicht mehr benötigte. Fortan bespannte sie Güterzüge, teilweise aufgrund des Gewichts sogar in Doppeltraktion mit einer Schwestermaschine. Zu nennen sind dabei vor allem die schweren Kohle-, Stahlbrammen- und Bergezüge zum Bau der A31. Als eine der letzten ihrer Art wurde sie am 31. Mai 1988 z-gestellt und einen Monat später ausgemustert.

Dann passierte rund drei Jahre nichts und die Lok sollte eigentlich dem Schneidbrenner zugeführt werden. Das verhinderte allerdings die private Lokführerin Barbara-Birgit Pirch aus Willich, die die Maschine am 16. März 1993 käuflich erwarb. 221 135 wurde dann in den zwei Folgejahren wieder aufgearbeitet und erhielt in den Eisenbahn-Werkstätten Krefeld (EWK) ihren ursprünglichen altroten Lack. Am 29. April 1995 konnte sie wieder in Betrieb genommen werden und wurde zunächst der ArGe Historische Eisenbahn zur Verfügung gestellt, die sie für historische Sonderfahrten nutzte.

Im Mai 1999 setzten die Eisenbahnfreunde OnWheels e. V. 221 135 zusammen mit Dampflok 38 2267 vom Eisenbahnmuseum Bochum-Dahlhausen vor dem Sonderzug „Drachenexpress" nach Linz am Rhein ein. Im Jahr 2002 drehte der WDR einen Beitrag über Barbara-Birgit Pirch und die

221 135 der BEG vor einem Sonderzug englischer Eisenbahnfreunde in Dorsten.

Eisenbahnfreunde OnWheels im Bw Krefeld. Dort trafen Daniel und Manfred erneut auf Frau Pirch und ihre 221 135. Der Film ist unter dem Stichwort „OnWheels im Fernsehen 2002" auf dem Portal YouTube abrufbar. Bei der Gelegenheit wurde dann gleich ein Einsatz der imposanten Maschine vor dem nächsten Sonderzug der Eisenbahnfreunde aus Dorsten für eine Tagesfahrt nach Hamburg im gleichen Jahr vereinbart.

Anfang 2004 wurde die Lok für zwei Jahre an die Eisenbahn-Betriebs-Gesellschaft Neckar Schwarzwald-Alb mbH verliehen und in Tübingen stationiert, ehe sie am 4. Januar 2008 ins Eigentum der Bocholter Eisenbahn GmbH (BEG) aus Dinslaken überging, über die wir im vorherigen Kapitel dieses Buches berichteten, und dort ein orangefarbenes Unternehmensfarbkleid erhielt. Seit 2017 gehört sie der Bahnlogistik 24 GmbH aus Dresden, ist allerdings weiterhin im BEG-Lack unterwegs.

Die vierachsige Maschine ist mit zwei Zwölfzylinder-Dieselmotoren der Bauart „MTU/MB 12 V 652 TA" mit je 1.350 PS ausgerüstet, 18,44 Meter lang, 4,27 Meter hoch und 3,08 Meter breit. Sie hat eine Dienstmasse von 81 Tonnen, eine Anfahrzugkraft von 240 Kilonewton und eine Höchstgeschwindigkeit von 140 km/h. Die Kraftübertragung erfolgt hydraulisch.

9 Zeugen der Textilindustrie am Niederrhein
Dampfspeicherloks im Textilmuseum

Mitten in der Strukturkrise der Textilindustrie beschloss die Versammlung des Landschaftsverbandes Westfalen-Lippe (LWL) 1984 die Einrichtung eines Textilmuseums. Weil ein historisches Gebäude seinerzeit nicht zur Verfügung stand, entschied man sich zunächst für den Nachbau einer typischen Weberei aus der Zeit der Jahrhundertwende. 1989 wurde an der Aa die Eröffnung gefeiert.

„Made in China“ lesen wir in vielen Kleidungsstücken, denn ebendorther und ebenso aus anderen Ländern des Fernen Ostens und zunehmend auch aus Ostafrika kommen unsere Textilien. Das war bis weit ins 20. Jahrhundert anders, als Städte am Niederrhein, in den benachbarten Niederlanden, im Bergischen Land und im Münsterland eine gewichtige Rolle bei der Textilherstellung spielten. Mit einem großartigen, lebendigen Museum der Industriekultur erinnert Bocholt an die großen Zeiten der Textilherstellung in Deutschland. Über 20.000 Spindeln drehten sich einst in der örtlichen Spinnerei, die zur Grundlage des Museums wurde, das an zwei Standorten links und rechts des Flusses Aa entstand.

Das Spinnen und Verweben von Baumwolle hat in Bocholt eine lange Tradition. Über 450 Jahre lang prägte die Faser, die aus Übersee importiert werden muss, das Wirtschaftsleben der Stadt und der gesamten Region. Vor allem zwischen 1870 und dem Ersten Weltkrieg boomte die Branche: Bocholt zählte bis zu 80 Textilbetriebe, in denen zeitweise bis 10.000 Menschen arbeiteten.

Heute bildet das Ensemble aus Kesselhaus mit Schornstein, einem Maschinenhaus, einer Fabrikationshalle, Werkstatt, Büros, Lager, Tor- und Pförtnerhaus, Remise, Eisenbahngleis und Arbeiterhäusern in Bocholt eine typisch münsterländische Weberei aus der Zeit um 1900 ab.

Besucher erleben dort, was für viele Männer und Frauen damals grauer Alltag war. In den historischen Hallen wird lebendig, wie der Takt der Maschinen die Arbeit diktierte. Transmissionsriemen und lange Antriebswellen setzen in den Hallen die historischen Maschinen in Bewegung. Es wird auch „richtig“ produziert, denn die Mitarbeiter des Museums stellen täglich Stoffe für Handtücher und Tischdecken her. In einem komplett eingerichteten Arbeiterhaus mit bewirtschaftetem Garten lernt man den harten Alltag der Familien kennen.

Ohne Eisenbahn war das Aufblühen der Textilindustrie nicht vorstellbar. Sie diente dem An- und Abtransport der Rohstoffe als auch der Fertigprodukte ebenso wie den notwendigen Rangierarbeiten innerhalb eines Betriebes. Als günstig erwiesen sich feuerlose Dampflokomotiven, die über Schläuche ihren Dampf aus den Kesselhäusern der Fabriken bezogen und zudem während des Betriebs keine Brände auslösen konnten.

Auch in der Textilindustrie war die Eisenbahn unverzichtbar. Eine feuerlose Dampfspeicherlokomotive konnte Abwärme nutzen und gleichzeitig Brandgefahr ausschließen.

Das Bocholter Museum erinnert mit mehreren Exponaten an die Bedeutung der Eisenbahn in der Textilindustrie. Eine Drehscheibe aus dem Jahr 1910, mehrere Wagen und eine feuerlose Dampflokomotive sind dafür im Freibereich ausgestellt. Die Dampflok zieht besonders das Interesse der Besucher auf sich. Sie wurde 1917 mit der Fabriknummer 7394 von Orenstein & Koppel an die Firma Temming in Hamburg geliefert. Über einen Schrotthändler gelangte sie in den 1980er-Jahren zum Industriemuseum Zollern in Dortmund und 1989 zum Textilmuseum in Bocholt. Die zweiachsige, normalspurige Rangierlok trägt die Typenbezeichnung „B-fl“ (zwei Achsen, feuerlose Lokomotive).

10 Dampflokbetriebswerk Wesel
Erinnerungen an ein kleines Bw

Wer heute im ICE von Köln über Oberhausen und Emmerich nach Amsterdam fährt, wird den Bahnhof Wesel kaum wahrnehmen. Hier fahren Fernzüge in hoher Geschwindigkeit durch.

Wir wollen aber kurz innehalten und uns an die bedeutenderen Zeiten der Bahngeschichte Wesels erinnern, denn die frühere preußische Garnisonsstadt verfügte über Bahnverbindungen in alle Richtungen, von denen zeitweilig vier verschiedene Wege in die Niederlande führten. Und auch für den Betriebsablauf war Wesel bedeutend. Schon mit Inbetriebnahme der Hollandstrecke im Jahr 1856 verfügte der Bahnhof über Anlagen zur Versorgung der Lokomotiven. Ein zweiständiger Lokschuppen musste bereits kurz vor der Jahrhundertwende durch einen achtständigen Ringlokschuppen ersetzt werden. Für die am 15. Oktober 1912 eröffnete Walsumbahn von Oberhausen über Walsum nach Wesel, die heute unter anderem noch zwischen Oberhausen und Walsum für die Versorgung eines Kohlekraftwerks genutzt wird, musste der Bahnhof um einen weiteren Bahnhofsteil, den Hamborner Bahnhof, erweitert werden.

Mitte der 1960er-Jahre war die Eisenbahnstrecke von Süddeutschland über Köln nach Amsterdam weitgehend elektrifiziert. Elektrische Lokomotiven der Baureihen E 10, E 40 und E 41 bestimmten das Betriebsgeschehen. Doch zwischen Oberhausen und der Grenze zu den Niederlanden gab es noch eine Fahrdrahtlücke. Hier wurden zwar Eil- und Schnellzüge meistens mit modernen Dieselloks der Baureihe V 200, die in Hamm beheimatet waren, befördert, doch die Personenzüge bespannten noch preußische Dampfloks der Baureihen 78 und 38.10. Deshalb mussten auch noch Betriebswerke für den Dampflokeinsatz unterhalten werden. Für die Züge von Duisburg bzw. Oberhausen nach Wesel und Emmerich waren hierfür die Betriebswerke in Duisburg und Wesel zuständig. Bei dem Werk in Wesel handelte es sich um einen relativ kleinen Ringlokschuppen mit Drehscheibe, Bekohlungs- und Bewässerungsanlage. Beheimatet waren hier im Frühjahr 1966 nur noch acht Lokomotiven der Baureihe 78, die fleißig auf der Strecke pendelten. Sie wurden unterstützt durch Duisburger 78er, von denen noch sechs einsatzfähig waren und zwei 38er, die man allerdings nur sporadisch vor Personenzügen zu sehen bekam. Als im Mai 1966 mit Beginn des Sommerfahrplans der elektrische Betrieb aufgenommen wurde, musste mit dem Ende der Dampflokunterhaltung auch das Weseler Werk schließen.

In den Nachkriegsjahren hatte das Betriebswerk zwar nicht mehr die Bedeutung früherer Zeiten gehabt, doch es gab noch einige Aufgaben. So war es bis Anfang der 1960er-Jahre noch für den Güterverkehr zum Beispiel nach

Stolz verrichten Lokführer und Heizer ihren Dienst auf der Güterzuglok 56 2839, die im Bw Wesel beheimatet ist. Über die Venloer Bahn war sie nach Dorsten gekommen.

Hervest-Dorsten zuständig, wofür es noch Lokomotiven der Baureihen 56.2 und 56.20 vorhielt. Gut 500 Eisenbahner waren in der Nachkriegszeit im Bahnhof Wesel beschäftigt. Sie arbeiteten im Bahnhof, im Bereich der Güterabfertigung, im Bahnbetriebswerk und in der Bahnmeisterei. Als die Deutsche Bundesbahn im September 1962 den Personenverkehr nach Haltern und im Mai 1974 den Güterverkehr einstellte, war in Wesel nur noch die Hollandstrecke mit dem Abzweig nach Bocholt von Bedeutung. Heute dient der Bahnhof Wesel nur noch dem Regionalverkehr und einzelnen Güterzugleistungen.

11 Modern und historisch
Betrieb auf der Weseler Hafenbahn

Am Rheinufer der Kreisstadt Wesel trifft alles zusammen, was die Industriekultur am Niederrhein ausmacht: Wir passieren Kräne, Lagerhallen und Silos, die für den Umschlag unterschiedlicher landwirtschaftlicher Produkte, Bau- und Brennstoffe sowie weitere Schütt- und Stückgüter genutzt werden.

Von einem Brückenbauwerk der zerstörten Eisenbahnbrücke über den Rhein können wir auf der anderen Flussseite die Reste der Vorbrücke sehen. Auf einem Betonplateau am Rheinufer liegen die Gleise der Hafenbahn. Schilder weisen darauf hin, dass Schienenverkehr Vorfahrt hat. Kleingärten, Deichanlagen und offene Wiesen, auf denen Wildgänse nach Nahrung suchen, runden das Bild einer Landschaft ab, in der Industrie, Tourismus und Naturschutz auf engstem Raum koexistieren.

Die Weseler Hafenbahn wurde zwischen 1870 und 1875 errichtet. Sie stellt eine Verbindung vom „Rheinwerft“-Hafen zum Bahnhof Wesel und damit sowohl zur Hollandstrecke als auch den von Wesel ausgehenden Bahnstrecken her. Wir befinden uns bei Rheinkilometer 815. Etwa zwei Kilometer weiter südlich münden der Wesel-Datteln-Kanal und die Lippe in den Rhein. Betrieben wird der Hafen von der kommunal dominierten Hafengesellschaft DeltaPort GmbH & Co. KG, einem 2012 gebildeten Zusammenschluss des Rhein-Lippe-Hafens und des Stadthafens auf dem Gebiet der Stadt Wesel sowie des Hafens Emmelsum bei Voerde.

Bis vor wenigen Jahren verfügte die Hafenbahngesellschaft noch über eigene Lokomotiven; die letzte Diesellok wurde 2016 zum Verkauf angeboten. Im Jahr 1906 hatte die Stadt Wesel erstmalig eine Dampflok vom Typ „Victor“ erhalten, der wenig später eine zweite Maschine gleicher Bauart folgte. Nachdem 1934 der Betrieb der Hafenbahn an die Stadtwerke Wesel übergegangen war, kamen ab 1940 Dieselloks der Firma Deutz und 1963 sowie 1972 der Firma Orenstein & Koppel zum Einsatz. Zeitgleich waren immer zwei Lokomotiven verfügbar.

Versteckt zwischen den arkadenförmigen Resten der ehemaligen Auffahrt zur Eisenbahnbrücke und Kleingärten finden wir auf dem Gelände der Hafenbahn die Fahrzeuge des Vereins Historischer Schienenverkehr e. V., der hier seit etwa 15 Jahren eine neue Heimat gefunden hat, da der frühere Standort auf dem Gelände des ehemaligen Weseler Betriebswerks am Bahnhof nach über 25 Jahren wegen Umbauarbeiten aufgegeben werden musste.

Der Verein erwarb im Laufe der Zeit schrottreife Fahrzeuge, die in mühsamer ehrenamtlicher Arbeit wieder instandgesetzt wurden. Dazu gehören zehn betriebsfähige Wagen und eine fahrbereite zweiachsige Deutz-Diesellok. Die putzige kleine Henschel-Dampflokomotive mit der Achsfolge „B", die 1916 gebaut wurde und dem Verein seit 1978 gehört, befindet sich in Aufarbeitung. Sie leistet 160 PS und darf 30 km/h schnell fahren. Letztmalig unter Dampf war die Lokomotive im Sommer 1989.

Auch die kleine Diesellok ist ein richtiger Oldtimer. Sie wurde 1956 geliefert und ist seit 1993 im Vereinsbesitz. Auch ihre Höchstgeschwindigkeit von ebenfalls 30 km/h reicht für den lokalen Museumsbetrieb voll aus und mit 240 PS ist sie etwas leistungsfähiger als die Dampflok.

Der Verein setzt für Fahrten außerhalb der Hafenbahn auf Strecken der Deutschen Bahn, wo höhere Geschwindigkeiten notwendig sind, Loks der Niederrheinischen Verkehrsbetriebe Aktiengesellschaft NIAG, die wir Ihnen in Kapitel 16 vorstellen, ein, die ursprünglich bei der DB als V 100 und V 160 ihren Dienst versahen. Auch Dampflokomotiven verschiedener Museumsbahnen und DB-Loks kamen bereits zum Einsatz. Regelmäßig wurde das Vereinsgelände vom Dorstener Schienenbus „Revier-Sprinter" angefahren und brachte Gäste zum Hafenfest.

Diesellok 4 der NIAG steht am 23. Mai 2020 kalt abgestellt im Hafen von Wesel.

12 Einstige Verbindung in die Niederlande
Die Boxteler Bahn

Von Wesel führte ein Zweig der über die Rheinbrücke verlaufenden Strecke auch weiter nördlich in die Niederlande. Die „Boxteler Bahn" zweigte in Büderich ab und verband Wesel mit der niederländischen Provinz Noord-Brabant. Die Strecke wurde 1878 eröffnet und durch die Noord-Brabantsch-Duitsche Spoorweg-Maatschappij (NBDS) betrieben.

Die Gründung dieser privaten Gesellschaft war bereits 1869 erfolgt. Sie erhielt von Preußen und den Niederlanden die notwendige Konzession zur Errichtung einer Strecke, die über Xanten, Goch, Hussum und Gennep, wo später auch der Sitz der Gesellschaft war, nach Boxtel und von dort weiter in die niederländische Provinz Noord-Brabant führte. Diese Strecke konnte eine größere Bedeutung als die Venloer Bahn erreichen und diente dem internationalen Postverkehr ebenso wie dem Reiseverkehr. So konnte man beispielsweise um 1900 zwischen 20 und 21 Uhr in London losfahren, erreichte Boxtel morgens zwischen 7 und 8 Uhr, war drei Stunden später in Wesel und am frühen Abend in Berlin oder Hamburg.

Mit dem Ersten Weltkrieg endete die Erfolgsgeschichte der Strecke und mit ihr die der Eisenbahngesellschaft NBDS. 1925 übernahm die Reichsbahn den Betrieb und stufte die Strecke von einer Haupt- zur Nebenbahn herunter. Die Zugdichte nahm sehr schnell ab, wenn auch der Zweite Weltkrieg zusätzlichen Betrieb zur Versorgung des Militärs brachte. Doch nach der Zerstörung der Weseler Brücke 1945 hatten weder die Boxteler noch die Venloer Bahn eine Zukunft, wurden doch einige Abschnitte gar nicht mehr wiedereröffnet. Auf der von Goch aus betriebenen kurzen Teilstrecke nach Hassum wurde der Personenverkehr bereits 1949 und auf der nach Uedem 1963 stillgelegt. Mit der endgültigen Einstellung des Güterverkehrs 1967 endete dann in Deutschland der Betrieb auf der Boxteler Bahn. Ähnlich ging es in den Niederlanden, wo 1950 der Personenzugverkehr zwischen Boxtel und Uden eingestellt wurde. 1971 kam dort auch für den Güterverkehr das Ende und im selben Jahr wurde die Verbindung von Gennep nach Mill stillgelegt. 1978 endete dann der Verkehr zwischen Uden und Mill sowie 1983 der zwischen Uden und Veghel. Erst 2004 war dann das letzte im Güterverkehr betriebene Streckenstück von Boxtel bis Veghel an der Reihe und die Boxteler Bahn damit endgültig Geschichte.

Auf dieser Karte des Niederrheins der Deutschen Reichsbahn aus dem Jahr 1929 kann man sehr schön den Verlauf der Boxteler Bahn und auch der Strecke nach Venlo sehen. Beide Strecken hatten nach der Zerstörung der Weseler Rheinbrücke keine Zukunft mehr.

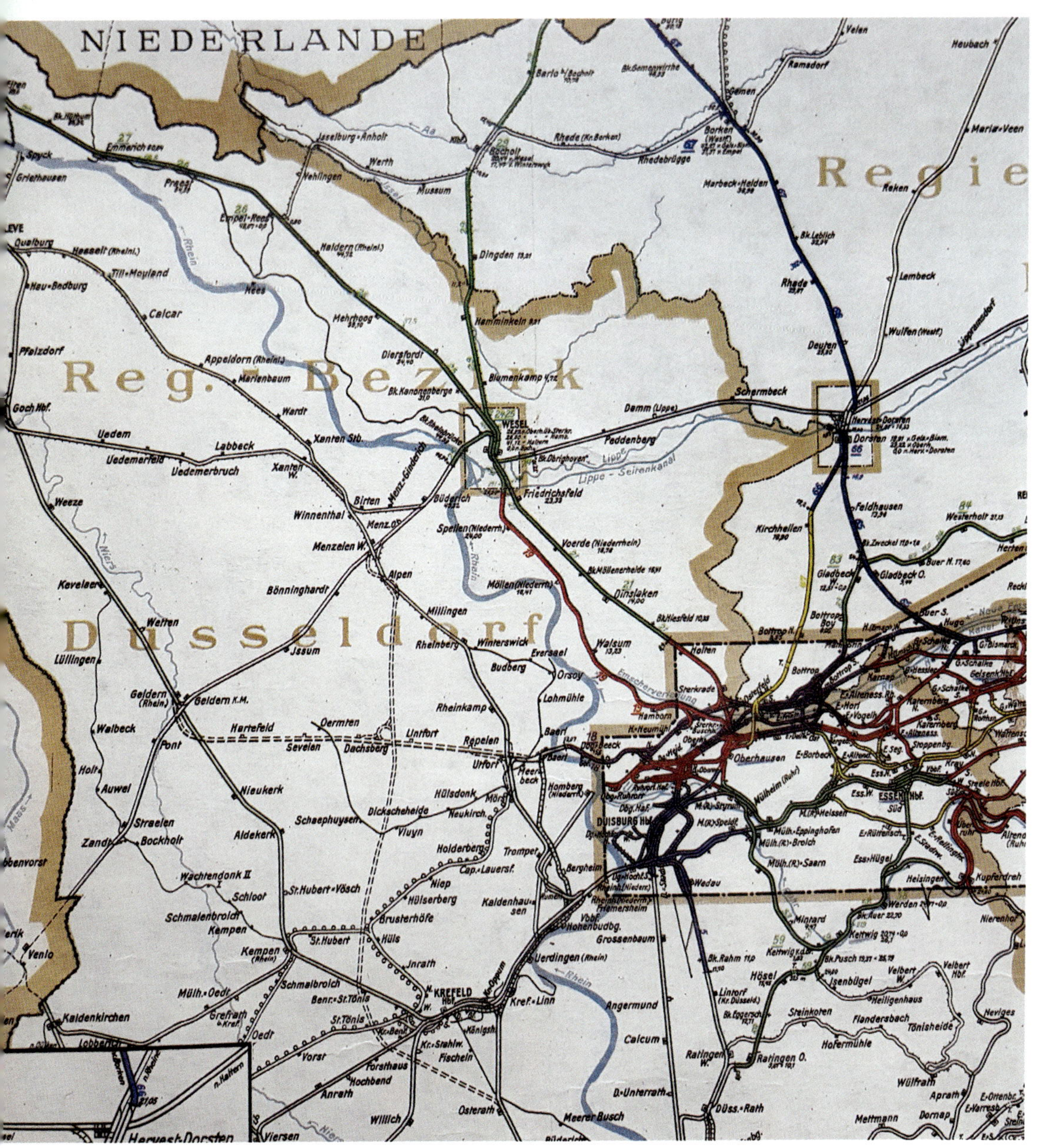

Zur Erinnerung an den Bahnbetrieb auf der Boxteler Bahn wurde 1977 die Dampflok 94 1640 an die Gemeinde Gennep in den Niederlanden verkauft. Die noch 1974 als eine der letzten 94er in Emden aktive Lok wurde aufgearbeitet und am 1. Mai 1982 als Denkmal am Willem Boye Weg in Gennep der Öffentlichkeit übergeben. In Goch erinnert der Heimat- und Verkehrsverein an die Boxteler Bahn und in Uedem finden sich am ehemaligen Bahnhof noch Signale. In der Nähe des Schlosses Kalbeck bei Weeze erinnert ein Denkmal an die Boxteler Bahn.

13 Geschichtlich interessant
Die Strecke Venlo–Wesel–Haltern

1874 eröffnete die sogenannte Hamburg-Venloer Bahn ihren Betrieb und verband die niederländischen Nordseehäfen mit Hamburg sowie Berlin. Tagesreisen zwischen London und der Reichshauptstadt waren nun möglich. Strategische Gründe spielten allerdings auch eine nicht unwesentliche Rolle bei der Realisierung der Strecke.

Betrieben wurde die Strecke Venlo–Wesel–Hamburg durch die Cöln-Mindener-Eisenbahngesellschaft, eine der drei großen ihrer Art in Westfalen. Doch erst am 31. Dezember desselben Jahres konnte nach Fertigstellung der Rheinbrücke in Wesel, an der man vier Jahre gebaut hatte, der erste Zug den Rhein überqueren.

Mit einer Länge von knapp 417 Kilometern führte die Strecke von Hamburg über Bremen, Osnabrück, Münster und Haltern nach Wesel. Nach der Überquerung des Rheins ging es über Geldern, Venlo, Maastricht und Lüttich weiter nach Vlissingen an der Nordsee. Schaut man auf die Karte, kann man sehen, dass es sich um eine herrlich geradlinige Verbindung handelte, von der man sich ein hohes Verkehrsaufkommen versprach.

Die Strecke folgte auf nördlicher Seite der Lippe von Wesel nach Haltern. Die internationale Verbindung von Vlissingen über Wesel, Dorsten und Haltern nach Hamburg nahm mit Beginn des 20. Jahrhunderts richtig an Fahrt auf. Ab 1903 verkehrten internationale Postzüge, 1908 kam ein Nachtzugpaar nach Berlin hinzu. Im Jahr 1909 brachte die niederländische Staatsbahn mit der „Blauen Brabant“ eine elegante Schnellzuglok auf die Schiene, die mittelschwere Züge mit 100 km/h befördern konnte. Diese großartigen Maschinen liefen von den Niederlanden bis nach Haltern, wo dann auf preußische Lokomotiven umgespannt wurde, und kamen zeitweise sogar bis nach Münster. Die schnellen Postzüge führten Speise- und Schlafwagen mit, was hohen Komfort für die Kundschaft bedeutete, die bis in hohe Adelskreise reichte. Neben den Schnellzügen verkehrten zwischen Haltern und Wesel täglich acht Personenzugpaare. Die zweigleisige Strecke ließ eine große Zukunft der Verbindung erwarten, doch der Kriegsausbruch 1914 brachte das Ende dieser Entwicklung. Die Hamburg-Venloer-Bahn in Richtung Wesel diente bis 1918 mehr den militärischen Aufmarsch- und Nachschubplänen der Armee als dem zivilen Reiseverkehr.

So wie militärstrategische Überlegungen stets den Bau der Strecke und besonders die Errichtung einer Rheinbrücke begleitet hatten, waren es die Folgen militärischer Konfrontationen, die über die Bedeutung nicht nur dieser Eisenbahn entschieden. Immerhin verkehrten zwischen Haltern und Wesel um 1935 aber wieder zwei Eil- und 18 Personenzüge täglich.

Mit der Zerstörung der Rheinbrücke am Ende des Zweiten Weltkriegs kam das Aus der Bahnstrecke in Raten. Der

Das Bild zeigt Reste der Weseler Rheinbrücke auf der linksrheinischen Seite.

Abschnitt von Wesel über Schermbeck und Dorsten nach Haltern hatte nun nur noch lokalen Charakter und stand in Konkurrenz zum Lastwagen- und Pkw-Verkehr. Schon 1950 kam bei der Bahndirektion Münster die Idee auf, Personenzüge durch Busse zu ersetzen, was dann 1962 geschah. Güterzüge verkehrten auf dem gesamten Abschnitt noch bis 1974. Danach gab es noch geringfügigen Güterverkehr zwischen Wesel und Drevenak sowie Schermbeck und Dorsten. Letzterer endete 1985. Dem am 26. Mai 1974 eingestellten Güterverkehr zwischen Schermbeck und Wesel folgte am 1. Oktober 1985 jener zwischen Hervest-Dorsten und Schermbeck und schließlich am 29. Mai 1988 der zwischen Haltern und Hervest-Dorsten. Zwischen 1975 und 1992 wurden schrittweise weite Teile der Strecke endgültig stillgelegt, entwidmet und abgebaut.

Schauen wir uns die Situation der Venloer Bahn auf der linken Rheinseite an: Dort war bereits 1936 der Abschnitt zwischen Venlo und Straelen stillgelegt und der internationale Verkehr beendet worden. Um Nachschub für den Krieg an der Westfront befördern zu können, wurde die Strecke im Zweiten Weltkrieg aber wieder in Betrieb genommen. Nach Kriegsende und der Zerstörung der Weseler Eisenbahnbrücke ermöglichte eine Behelfsbrücke kurzzeitig noch alliierte Militärtransporte. Mit ihrem Abbau Ende 1946 war die Strecke zwischen Büderich und Wesel nun endgültig unterbrochen. Zwei Jahre früher als zwischen Wesel und Haltern fuhr Ende Mai 1960 der letzte Personenzug zwischen Geldern und Büderich Ost. Bis 1963 gab es noch Güterzugverkehr zwischen Menzelen West und Bönninghardt sowie bis 1967 von Bönninghardt nach Straelen.

2018 schrieb die DB Netz AG den gut sechs Kilometer langen Abschnitt von Alpen nach Büderich zur Übernahme aus, da die Nutzung der Strecke die Unterhaltungskosten bei weitem nicht mehr deckte.

14 Auf schmalen Schienen durch die Natur
Die historische Feldbahn in Schermbeck

In der zum Kreis Wesel gehörenden Stadt Schermbeck gibt es heute keine Eisenbahn mehr. An die Hamburg-Venloer-Bahn erinnern Schilder an einem Fahrradweg, der auf der ehemaligen Trasse verläuft.

Von der 2002 geschlossenen Feldbahn, die von einer am Stadtrand gelegenen Ziegelei entlang der Straße nach Gahlen führte und dabei den Fluss Lippe sowie den parallel verlaufenden Kanal überquerte, ist heute immerhin noch ein kleiner Museumsbetrieb geblieben – der verbliebene Rest einer einst blühenden Ziegelindustrie in diesem Gebiet, das über große Tonvorkommen verfügt.

Bedarf an diesem Rohstoff hatte im 19. und 20. Jahrhundert das schnell wachsende Ruhrgebiet. Zum Transport des Rohstoffs aus den Tongruben zu den Ziegeleien gab es zeitweilig etwa 20 Feldbahnen, von denen einige auch Kies zum Schermbecker Bahnhof brachten. Die letzte aktive Bahn verband seit 1908 die Idunahall-Ziegelei mit Tongruben in Gahlen. Bis 1936 brachten Lorenzüge den Ton von den Gruben bis zur Lippe, wo er für den Weitertransport zum Empfänger in eine Lastenseilbahn umgeladen wurde. Seit 1936 fuhren die Züge dann direkt ins Werk.

Als 2002 der Feldbahnbetrieb endete und zum Jahresende 2005 die Ziegelei endgültig geschlossen wurde, engagierte sich eine Gruppe von Feldbahnfreunden für die Erhaltung der Trasse und der noch vorhandenen Fahrzeuge. Die Feldbahnfreunde Schermbeck-Gahlen, deren Verein 2007 gegründet wurde, hätten die Bahn vom Werksgelände des Röben-Idunahall Werks an der Maassenstraße über Lippebrücke und Kanal bis zu dem ehemaligen Tonabbaugebiet bei Gahlen gerne erhalten. Sie konnten auch im August 2010 noch einmal Fahrtage auf der Strecke und eine Nutzung der Brücken organisieren. Doch aus verschiedenen Gründen, zu denen wohl auch fehlende Kooperationsbereitschaft des Ziegelei-Unternehmens gehörte, konnte die Idee nicht verwirklicht werden. Mit der Entfernung der Gleise wurden Fakten geschaffen, sodass im Herbst 2012 nur noch das Reststück jenseits der Brücken für Fahrtage genutzt werden konnte.

Der Verein stellte deshalb drei Jahre später beim Kreis Wesel einen Antrag auf Reaktivierung der Bahn und bemühte sich um eine Baugenehmigung für eine Besucherfeldbahn, die 2016 erteilt wurde. Damit begannen neue hoffnungsvolle Aktivitäten, und schon ein Jahr später konnte eine neu verlegte Strecke zwischen dem Hof Haferkampf und der Sportanlage des TuS Gahlen durch die „Gahlener App“ eröffnet werden. Seit 2019 wird nun ein weiterer etwa 450 Meter langer Streckenabschnitt zum Kanal für den Betrieb hergerichtet. So wird das Bähnchen Teil eines neuen Naherholungsgebiets im Gahlener Busch. Das ehrgeizige Ziel der Eisenbahnfreunde ist es, einen authentischen historischen Feldbahnbetrieb auf etwa zweieinhalb

Das Bild zeigt eine vorbildlich restaurierte Feldbahnlokomotive, die wenige Jahre nach Stilllegung der Tonbahn an einem öffentlichen Fahrtag noch ein separates Gleis über die Kanalbrücke bis zum ehemaligen Werk nutzt, das leider nicht mehr befahren werden kann.

Kilometern Strecke zu bieten. Selbst den Auswirkungen der Corona-Pandemie hielten die Feldbahnfreunde stand. Im Sommer 2020 konnte mittwochs ein Zug mit zwei umgebauten Lorengestellen, gezogen von einer Lokomotive des Typs Diema 16 aus dem Jahr 1939, mit großen und kleinen Fahrgästen durch die Felder rumpeln. Mit der Übernahme zweier Lokomotiven aus einer Essener Feldbahnsammlung, die auf Tiefladern über Straßen herangeschafft wurden, setzt der Verein den Weg zu einem bemerkenswerten Museumsbetrieb konsequent fort.

15 Landesgartenschau 2020
Neue Bahnstrecke nach Kamp-Lintfort

Über die „Route der Industriekultur" kann man zahlreiche ehemalige Industrieanlagen besuchen, die heute museal erhalten sind und auf unterschiedliche Weise genutzt werden können.

Im Ruhrgebiet erwies sich die Verbindung einer Landesgartenschau mit den Zeugen der Vergangenheit als Erfolgsrezept. Oft spielte dabei auch die Eisenbahngeschichte eine große Rolle, wie man an den Beispielen Hamm (Verbund mit der Museumsbahn), Oberhausen (vorübergehende Anbindung auf der nun stillgelegten Strecke nach Osterfeld) oder Essen sieht, wo das Weltkulturerbe Zollverein mit Sonderzügen erreicht werden kann.

Auch das Bergwerk West in Kamp-Lintfort, das Ende 2012 stillgelegt wurde, fand im Rahmen der Landesgartenschau 2020 einen musealen Neuanfang. Ein grüner Zechenpark, zu dem ein Förderturm und ein Zentrum für Bergbautradition gehören, soll helfen, die Bergbaugeschichte des Niederrheins nicht in Vergessenheit geraten zu lassen. Immerhin reicht diese Geschichte bis in die Zeit vor dem Ersten Weltkrieg zurück. Am 1. Juli 1912 wurde die 7,5 Kilometer lange Strecke eröffnet, die das Bergwerk mit der Strecke von Moers nach Kleve im Bahnhof Rheinkamp verband und als Anschlussbahn für die Abfuhr der geförderten Kohle und den Transport von Bergematerial genutzt wurde.

Nach der Schließung des Bergwerks gab es für diese Bahn keine Verwendung mehr. Sie wurde aber nur auf dem Werksgelände abgebaut, sodass sich mit der Idee der Landesgartenschau auch die Möglichkeit ergab, über eine – sei es auch vorübergehende – Reaktivierung für Züge zur Gartenschau zu spekulieren. Hinzu kamen Überlegungen, auch regelmäßigen Bahnverkehr nach Kamp-Lintfort zu ermöglichen und so die mittelgroße Stadt an das deutsche Bahnnetz anzuschließen.

Im Frühjahr 2019 kaufte die Eisenbahngesellschaft Niederrheinbahn GmbH die Bahntrasse vom Bergwerksbetreiber RAG. An der Niederrheinbahn GmbH als künftiger Streckenbetreiberin ist die Stadt Kamp-Lintfort zu einem Viertel beteiligt, während der Rest dem Dürener Beteiligungsunternehmen R.A.T.H. GmbH gehört, zu dessen Töchtern beispielsweise auch die im Rheinland aktiven SPNV-Betreiber VIAS Rail GmbH und Rurtalbahn GmbH zählen.

Anfang 2020 sah es dann plötzlich ganz finster für diese Ideen aus, weil die Deutsche Bahn die Sanierungskosten als viel zu hoch bezeichnete und regelmäßigen Verkehr erst für die 2030er-Jahre in Aussicht stellte. Heftige Proteste führten wohl dazu, dass die Landespolitik eingriff und veranlasste, dass sofort mit den Arbeiten an den Gleisen begonnen wurde, damit zur Gartenschau an Wochenenden ein Pendelverkehr unter besonderen Bedingungen stattfinden kann, der an die NordWestBahn (NWB) übertragen wurde. Eine Nutzung der

Endlich ist es so weit. VT 648 der NWB wird gleich vom neuen Haltepunkt Kamp-Lintfort Süd als RB 31 nach Duisburg fahren. Das Bild entstand zwei Tage nach Eröffnung der Strecke am 18. Mai 2020.

Verbindung für Sonderzüge ist allerdings nicht vorgesehen.

Eigentlich sollten die ersten Personenzüge zwischen Duisburg und einem Haltepunkt in Kamp-Lintfort zur Eröffnung der LAGA im April 2020 pendeln. Doch das verhinderte die Corona-Pandemie des Jahres 2020, die im März eine zu diesem Zeitpunkt nicht absehbare Beendigung aller größeren Veranstaltungen bedeutete. Doch am 16. Mai 2020 war es schließlich dann doch so weit: Planmäßige Züge der NWB erreichen nun an Wochenenden die LAGA von Duisburg aus.

Die Aufnahme eines regulären Bahnbetriebs auf der Strecke könnte vor dem Jahr 2025 möglich sein. So würde Kamp-Lintfort erstmals an den regulären SPNV angeschlossen.

16 Im Personen- und Güterverkehr aktiv

Die Niederrheinischen Verkehrsbetriebe

Gesellschafter der in Moers ansässigen Niederrheinischen Verkehrsbetriebe Aktiengesellschaft NIAG sind das Eisenbahnunternehmen Transdev SE & Co. KG mit seiner Marke Rhenus Veniro, die Kreise Wesel und Kleve sowie die Städte Duisburg, Wesel und Moers. Das Verkehrsgebiet der NIAG-Buslinien umfasst die beiden genannten Kreise sowie Teile Duisburgs; einige Linien führen jedoch bis in die Niederlande nach 's-Heerenberg, Venlo und Nimwegen. Außerdem führt die NIAG auch Schienengüterverkehr durch.

Die NIAG entstand 1968 aus dem Zusammenschluss der Straßenbahn Moers-Homberg-Rheinhausen GmbH, der Kreis Moerser Verkehrs- und Versorgungsbetriebe (KMV) und der Niederrheinischen Automobilgesellschaft mbH (NIAG). Das moderne Verkehrsunternehmen ist Mitglied im Verkehrsverbund Rhein-Ruhr (VRR) sowie im Tarifverband der Bundeseigenen und Nichtbundeseigenen Eisenbahnen in Deutschland (TBNE). Es schafft mit rund 700 Mitarbeitern in den beiden Kernfeldern Öffentlicher Personennahverkehr (ÖPNV) und Logistik Verbindungen für die gesamte Region. Heute betreibt die NIAG ein Busliniennetz von mehr als 2.200 Kilometern und befördert rund 36,5 Millionen Fahrgäste im Jahr. Sie ist damit der größte ÖPNV-Anbieter am unteren Niederrhein. Die umweltfreundliche Busflotte umfasst 187 eigene und 152 angemietete Busse an den Standorten Moers, Kleve, Wesel und Dinslaken.

Die NIAG ist als Public-Private-Partnership eingebunden in die Konzernstruktur der Rethmann-Gruppe. 51 Prozent der Aktien werden von der Transdev SE & Co. KG gehalten, der Rest mit dem Kreis Wesel (43 Prozent), dem Kreis Kleve (3 Prozent), der Stadt Duisburg (1,26 Prozent), der Stadt Wesel (1,11 Prozent) und der Stadt Moers (0,63 Prozent) von der öffentlichen Hand. Die Wurzeln der NIAG reichen bis ins Dampflok-Zeitalter zurück.

Zur Geschichte der NIAG gehören auch die Straßenbahn und der Bau der regelspurigen Linie von Moers über Kamp nach Rheinberg, der 1914 abgeschlossen werden konnte. Im Jahr 1926 wurde die Betriebsführung an die Straßenbahn Moers-Homberg GmbH abgegeben, da mit deren Strecke der Linie M der Rheinbahn nach Düsseldorf eine gemeinsame Endhaltestelle bestand. Insbesondere während der beiden Weltkriege waren diese beiden Bahnen miteinander verbunden und wurden etwa für den Transport von Kohlen genutzt.

1924 gründeten die Stadt Duisburg, die Kreise Geldern, Kleve, Rees und Moers sowie einige kreisangehörige Städte der genannten Kreise die Niederrheinische Automobilgesellschaft mbH (NIAG) mit Sitz in Moers. Die NIAG sah ihre Aufgabe darin, die Landkreise am linken Niederrhein mit einem weitmaschigen Busverkehr zu versorgen. Es entstand auch die erste deutsche grenzüberschreitende

Eine Doppeltraktion G 1700 BB der NIAG übernimmt die Traktion eines Kalkzuges, der Rheinberg-Budberg passiert.

Buslinie von Duisburg ins niederländische Venlo.

Nachdem die RWE AG als Gesellschafter ausgeschieden war, gliederte der Landkreis Moers die Straßenbahn Moers-Kamp-Rheinberg 1938 zusammen mit der Moerser Kreisbahn, dem Hafen Orsoy und den Wasserwerken in die neu gegründeten Kreis Moerser Verkehrs- und Versorgungsbetriebe (KMV) ein. Da es nach dem Zweiten Weltkrieg nicht mehr zu den erforderlichen Sanierungsmaßnahmen auf der Strecke der Straßenbahn kam, wurde sie am 10. August 1952 durch den Oberleitungsbus Moers ersetzt, dessen Fahrplan aber wie zuvor die Straßenbahn unter der Tabellennummer 243e im Kursbuch der Deutschen Bundesbahn erschien. Das Unternehmen ging schließlich am 26. Mai 1968 zusammen mit der Straßenbahn Moers-Homberg-Rheinhausen in den Niederrheinischen Verkehrsbetrieben auf.

Die Strecke St. Tönis–Krefeld Nord–Hülser Berg, die bis Anfang der 1950er-Jahre über Niep mit Moers verbunden war, wird seit 2010 wieder als Museumsbahn „Schluff" von den Stadtwerken Krefeld (SWK Mobil) an Sonn- und Feiertagen in den Sommermonaten im Ausflugsverkehr betrieben, wie Sie in Kapitel 30 nachlesen können.

In der Sparte Logistik (Eisenbahn und Hafen) sind der Transport und Umschlag von Massengütern – vor allem der Importkohle – die wesentlichen Kompetenzen der NIAG. Der unternehmenseigene Rheinhafen Orsoy, der im Kapitel 18 behandelt wird, stellt eine optimale Verknüpfung zum Verkehrsträger Schiene dar. Am Standort Moers steht eine eigene Werkstatt für Schienenfahrzeuge zur Verfügung.

Die Strecke Rheinberg–Moers–Neukirchen-Vluyn–Schaephuysen, die von der Kreisbahn erbaut worden war, wird seit 1968 nur noch im Güterverkehr bedient. Darüber können Sie im nächsten Kapitel mehr erfahren.

17 Bald wieder mit Personenverkehr? Die Moerser Kreisbahn

Die Moerser Kreisbahn war eine Bahngesellschaft im Kreis Moers (heute: Kreise Kleve und Wesel) und betrieb die Bahnstrecke von Rheinberg über Moers nach Hoerstgen-Sevelen.

Um den Norden des damaligen Kreises Moers besser erschließen zu können, beschloss der Kreistag im Jahr 1905 den Bau von mehreren Eisenbahnstrecken. Nachdem die ursprünglichen Pläne reduziert worden waren, wurde der Moerser Kreisbahn noch im gleichen Jahr die Konzession für die Strecke von Rheinberg über Moers nach Sevelen erteilt, worauf am 7. September 1907 der erste Spatenstich folgte. Die Strecke von Moers nach Schaephuysen eröffnete man dann am 1. Mai 1909 und den Rest bis Sevelen im darauffolgenden Jahr. Nachdem neue Kohlevorkommen erschlossen werden konnten, entwickelte sich der Verkehr in den folgenden Jahren immer besser. Am 8. Juli 1910 konnte auch der Abschnitt Meerbeck–Moers und am 13. Januar 1913 schließlich noch ein Anschlussgleis von Orsoy zum Rheinhafen Orsoy in Betrieb genommen werden. 1914 verkehrten

Noch heute sieht man dem alten Bahnhof von Moers-Hülsdonk seine ursprüngliche Funktion an.

Liebevoll restauriert erinnert im alten Bahnhof von Oermten eine „Donnerbüchse" an die Geschichte der Moerser Kreisbahn.

zwischen Moers und Hoerstgen-Sevelen täglich sieben Zugpaare sowie zwischen Moers und Rheinberg fünf, außerdem ein weiteres zwischen Moers und Orsoy.

In Moers teilte sich die Moerser Kreisbahn den Betriebsbahnhof und die Übergabe zur Staatsbahn mit der von Süden kommenden Krefelder Eisenbahn. Die Personenbahnhöfe lagen auf dem Vorplatz des Bahnhofs Moers nebeneinander. Im Berufsverkehr fuhren lange Züge; in den Zeiten dazwischen waren ab 1921 Triebwagen im Einsatz, die von der Schmöckwitz-Grünauer Uferbahn aus Berlin beschafft wurden. 1928 gab es täglich neun Zugpaare nach Sevelen und acht nach Rheinberg. 1938 schloss sich die Moerser Kreisbahn dann mit der Straßenbahn Moers-Kamp-Rheinberg, dem Rheinhafen Orsoy und dem Kreiswasserwerk zu den „Kreis Moerser Verkehrs- und Versorgungsbetrieben (KMV)" zusammen. 1948/49 gab es täglich sieben Zugpaare nach Rheinberg und zehn nach Sevelen. 1959 wurde der Personenverkehr komplett von Triebwagen übernommen und in den nachfolgenden Jahren immer stärker auf Busse der NIAG verlagert. Mit der Verschmelzung zur NIAG wurde der Schienenpersonenverkehr am 28. September 1968 dann vollständig auf Busse umgestellt. Für die Triebwagen blieb nur der Stückgutverkehr, bis dieser 1982 auf Lkw überging. Im Güterverkehr wird die Strecke aber bis heute betrieben und lediglich der Abschnitt Neufeld–Hoerstgen-Sevelen kann derzeit nicht befahren werden.

Aktuell wird überlegt, den Personenverkehr zwischen Neukirchen-Vluyn und Moers in Form einer regelmäßigen Verbindung von Neukirchen-Vluyn nach Duisburg Hbf wiederzubeleben. Dazu soll die im Bahnhof Moers endende Linie RB 31 nach Neukirchen-Vluyn verlängert werden. Bei Nachweis einer entsprechenden Wirtschaftlichkeit stehe das Geld für die Reaktivierung bereit, so Verkehrsminister Hendrik Wüst.

18 Güterumschlagplatz der NIAG
Bedeutender Kohlenhafen in Orsoy

Der Hafen Orsoy ist ein Stromhafen und liegt bei Rheinkilometer 793,8 bis 794,5 beim Ortsteil Orsoy der Stadt Rheinberg am linken Niederrhein.

Der Bau eines städtischen Hafens war auf Initiative des Moerser Landrats van Endert zustande gekommen. Dabei verfolgte er das Motiv, einen ausschließlich privaten Zechenhafen für das Bergwerk Friedrich-Heinrich in Kamp-Lintfort

zu verhindern und stattdessen einen öffentlichen Hafen anzulegen. Er wollte damit gewährleisten, dass auch andere Industrie- und Gewerbebetreiber sowie die Moerser Kreisbahnen von dem Hafen profitieren konnten.

Der Hafen Orsoy wurde stromab der gleichnamigen Festungsstadt als Parallelhafen angelegt und ab 1910 das dortige Rheinufer mit einer Kaianlage befestigt. Bald darauf konnte der Hafenbetrieb mit drei elektrischen Portalkränen aufgenommen werden. Doch auch die Zeche Friedrich-Heinrich und die Niederrheinische Bergwerksgesellschaft AG profitierten von der neuen wettbewerbsgünstigen Umschlagmöglichkeit am Rhein. Neben Kohle wurde im Hafen im geringen Umfang auch Sand, Kies, Erz und Holz verladen.

Überblick über die Anlagen des Rheinhafens Orsoy.

Das auf dem Kai gelegene Lagerhaus stammt noch aus der Zeit des Hafenbaus. Eine Zeitlang diente es der Lagerung und Verzollung von Rohtabak für die Zigarren- und Tabakfabriken in Orsoy, danach nutzte es der bekannte Rheinberger Magenbitterproduzent Underberg als Umschlagplatz für seine Lieferungen in die USA. Nach dem Zweiten Weltkrieg wurden dort Getreide, Mehl und Zucker eingelagert.

Mit einer maximalen Umschlagkapazität von jährlich rund drei Millionen Tonnen ist der NIAG-Rheinhafen Orsoy mit dem Schwerpunkt auf der Schiff-Schiene-Verladung von Massengütern heute ein bedeutender Umschlagplatz, der weitgehend unabhängig vom Wasserstand einen schnellen Umschlag von Massengütern garantiert.

Die Hafenbahn schließt über ein Ausziehgleis an die Bahnstrecke Rheinhausen–Kleve an, die allerdings heute nur noch bis Xanten betrieben wird. Drei Kräne, zwei Rangiergeräte und drei Gleise mit Doppelzuglänge garantieren einen zügigen Be- und Entladebetrieb der Ganzzüge. Der Wagentausch zwischen NIAG und DB findet in Moers Gbf statt, wobei viele Leistungen von der NIAG auch durchgefahren werden. Der Güterbahnhof in Rheinberg-Millingen dient dem Wagentausch zwischen DB Cargo bzw. Privatbahnen mit der Werkbahn der Solvay.

19 Entlastungsbahn mit Trasse in Hochlage

Die Walsumbahn

Hinter dem Begriff „Walsumbahn" verbirgt sich die Bahnstrecke von Oberhausen nach Wesel, die von 1908 bis 1912 als Entlastung der Magistrale Oberhausen–Dinslaken–Wesel gebaut wurde. Wegen ihrer Nähe zum Rhein ist die Trasse in Hochlage ausgeführt, wobei unter anderem der Erdaushub des Rhein-Herne-Kanals verwendet wurde.

Im Juni 1906 beauftragte das Ministerium der öffentlichen Arbeiten die Königliche Eisenbahn-Direktion Essen mit der Ausarbeitung eines Plans für den Bau der Strecke Oberhausen–Hamborn–Walsum–Wesel, die die Versorgung der Garnisonsstadt Wesel verbessern, die im Wachstum begriffene Stadt Hamborn an das Eisenbahnnetz anbinden und die neu erschlossenen Steinkohlezechen erschließen sollte. Zudem war eine Entlastung der Hauptstrecke Oberhausen–Dinslaken–Wesel vorgesehen. Die Strecke sollte als eingleisige Hauptbahn angelegt und später im Bedarfsfall um ein zweites Gleis ergänzt werden. Da die Trasse aus Gründen des Hochwasserschutzes als Hochbahn ausgeführt wurde, mussten insgesamt rund drei Millionen Tonnen an Erdmasse bewegt werden. Die Hälfte davon bildete der Aushub des im Bau befindlichen Rhein-Herne-Kanals, der Rest kam unter anderem von der Zeche Osterfeld und der Gutehoffnungshütte in Sterkrade. Beim Bau der Walsumbahn wurden überwiegend Fremdarbeiter eingesetzt. In Wesel konnte die Strecke aus Platzgründen nicht in den bestehenden Bahnhof eingeführt werden und erhielt daher einen separaten vorgelagerten Bahnsteig mit Empfangsgebäude, den sogenannten Hamborner Bahnhof. Bei der feierlichen Eröffnung am 14. Oktober 1912 fuhr ein Sonderzug von Oberhausen nach Wesel und zurück auf die neue Strecke. Der fahrplanmäßige Betrieb wurde am Folgetag aufgenommen.

Nach Ende des Ersten Weltkrieges war der Verkehr auf der Walsumbahn mehrmals unterbrochen und eine weitere Zäsur ereignete sich am Ende der Zweiten Weltkrieges, als deutsche Pioniere am 24. März 1945 die 1930 nördlich von Spellen errichtete Brücke über den Wesel-Datteln-Kanal sprengten. Bis in die 1960er-Jahre war deren Wiederaufbau vorgesehen, doch die Bundesbahndirektion Essen legte den Abschnitt Spellen–Wesel zum 19. März 1969 still. Ebenfalls im März 1945 wurde außerdem die Eisenbahnbrücke über die heutige Kleine Emscher gesprengt und die Strecke auch zwischen Walsum und Hamborn unterbrochen. Während der Bahnhof Hamborn weiterhin aus Richtung Oberhausen erreichbar war, wurde der Abschnitt Walsum–Spellen über ein Privatanschlussgleis und das Werkbahnnetz der Gutehoffnungshütte an den Bahnhof Sterkrade angebunden. Ab Mai 1948 befuhren wieder Züge den Abschnitt Hamborn–Walsum. Zum 14. Mai 1950 stufte die Deutsche Bundesbahn den Streckenabschnitt Walsum–Spellen zur

Nebenbahn mit Zugleitbetrieb und dem Fahrdienstleiter in Walsum als Zugleiter herunter. Das Stellwerk Sp in Spellen ging gleichzeitig außer Betrieb. Der Hauptbahnabschnitt Oberhausen–Walsum erhielt hingegen etwa zeitgleich eine induktive Zugsicherung („Indusi"). Am 13. Dezember 1957 endete der Stückgutverkehr in Möllen und Spellen, ehe die Deutsche Bundesbahn am 25. Mai 1963 den Personen-, Eilgut- und Güterverkehr auf dem Abschnitt Walsum–Spellen einstellte. Anstelle der Personenzüge kamen wie schon seit 1945 zwischen Wesel und Spellen Bahnbusse zum Einsatz und zum 1. Oktober 1968 endete auch der Eilgutverkehr südlich Walsum.

Mit dem 1968 gefällten Beschluss zum Bau des Kraftwerks Voerde wurde die Betriebsstelle Möllen von der STEAG zur Ausweichanschlussstelle für die Lieferung von Steinkohle ausgebaut. Der verbliebene Personenverkehr zwischen Oberhausen Hbf und Walsum endete am 28. Mai 1983. Im gleichen Jahr gingen die mechanischen Stellwerke in Oberhausen-Buschhausen außer Betrieb und der Bahnhof wurde als Fernstellbereich an das Relaisstellwerk Ohf in Oberhausen Hbf angeschlossen. Etwa zur gleichen Zeit legte BP die Ruhrraffinerie in Hünxe still. Der verbliebene Güterverkehr konzentrierte sich auf die Bedienung mehrerer Anschlüsse, unter anderem die Grillo-Werke (Duisburg-Hamborn), die Zeche Walsum, das Kraftwerk Duisburg-Walsum, die Firma Haindl Papier (Walsum), das Kraftwerk Voerde (Möllen) sowie die Anschließer der Kreisbahn Dinslaken und des Hafens Emmelsum (Spellen).

Nach der Stilllegung der Zeche Walsum im Jahr 2008 und des Kraftwerks Voerde im März 2017 ging das tägliche Zugaufkommen auf unter 20 Fahrten zurück. Im Jahr 2010 gab es Überlegungen der Deutschen Bahn, die Walsumbahn als Alternative zum Ausbau der Hollandstrecke zwischen Oberhausen und Wesel zu nutzen. Dieses Projekt wurde nicht verwirklicht. Anfang Dezember 2017 wurde die Strecke zwischen Oberhausen-Buschhausen und Spellen an ein elektronisches Stellwerk (ESTW) angeschlossen, dessen Bedieneinrichtungen sich im Bahnhof Oberhausen West befinden. Die noch bestehenden mechanischen Stellwerke in Duisburg-Hamborn und Walsum gingen mit der Aufschaltung des ESTW außer Betrieb. Heute sorgen das Kraftwerk Walsum (Kohletransport) sowie die Gleisanschließer im Voerder Stadtgebiet, unter anderem im Hafen Emmelsum, für Frachtaufkommen. Für den Papierhersteller Sappi etwa werden täglich ein bis zwei Zugpaare zwischen dem Hafen Emmelsum und der Papierfabrik im österreichischen Gratkorn gefahren. In Duisburg-Hamborn beziehen die Grillo-Werke ihre Gefahrgüter über die Schiene. Der Anschluss zur Zellstofffabrik der Norske Skog (zuvor Haindl Papier) wurde im April 2016 geschlossen.

Im Oktober 2019 fiel beim VRR der Startschuss für die Erstellung einer Machbarkeitsstudie bezüglich einer SPNV-Reaktivierung, die zum Ziel hat, dass bis zum Jahr 2025 wieder Personenzüge auf der Strecke verkehren könnten. Dieser Vorstoß trifft in der Bevölkerung sowie bei den Städten entlang der Strecke bisher auf überwiegend positive Resonanz.

50
RAILION

Diesellok-Veteran 294 667 mit einem Güterzug am 23. Mai 2020 vor der Kulisse des Kraftwerks Hünxe.

20 Erinnerungen an bayerische Elloks
Das Bw Osterfeld Süd

Es muss um 1965 gewesen sein, als Manfred während eines Urlaubs mit seinen Eltern in Süddeutschland vom Bus aus einen kurzen Güterzug mit einer seltsamen Lokomotive erspähte: ein grüner Eisenkasten, darunter zweimal drei Achsen und die Räder verbunden durch Kuppelstangen.

Zwei Stromabnehmer lagen am Fahrdraht, während das ungewöhnliche Gefährt mit schnell kreisendem Gestänge, aber doch relativ langsam durch die sommerliche Landschaft ratterte. Alte Elloks aus der Zeit vor dem Zweiten Weltkrieg gab es nur in Süddeutschland, denn weiter im Norden kam die Elektrifizierung erst Ende der 1950er-Jahre allmählich an, und dieser Kasten, eine E 91, war eine besonders alte und sehr bemerkenswerte Maschine.

Wie groß waren Freude und Erstaunen der Eisenbahnfreunde, als im Sommer 1968 diese Ungetüme plötzlich in Osterfeld Süd auftauchten und dort den Bestand an elektrischen Lokomotiven – Osterfeld verfügte neben seinen Dampfloks bereits über 37 E 40 – erweiterten. Gleich 13 Maschinen der Baureihe E 91, die nun 191 hießen, gehörten ein Jahr später buchmäßig zum Betriebswerk Osterfeld Süd, wurden aber hauptsächlich von Wanne-Eickel aus eingesetzt. Sie trugen die Betriebsnummern 001-003, 008-010, 013, 016, 018, 088, 089, 094 und 097. Diese Kraftpakete brachten es zwar nur auf 55 km/h, doch musste das für den Einsatz im Ruhrgebiet nicht von Nachteil sein. Überliefert sind Umläufe wie der folgende: Schichtbeginn in Osterfeld, Übergabezug nach Oberhausen West. Pause. Übergabe nach Sterkrade. Pause. Übergabe nach Osterfeld. Schichtende. Solche Leistungen dürften durchaus nicht untypisch gewesen sein und wie uns Lokführer berichten, gibt es so etwas heute auch noch. Doch es gab auch deutlich mehr Auslauf für die Veteranen: So kamen E 91 vor oft schweren Güterzügen bis nach Emmerich und über Bochum bis nach Hagen. Es wird erzählt, dass die Maschinen dabei so belastet wurden, dass die Lager ausschlugen und sie zur Reparatur ins Ausbesserungswerk mussten oder sehr schnell z-gestellt (= schadhaft von der Ausbesserung zurückgestellt) wurden.

Gleichwohl erreichten die beim Personal wenig beliebten Lokomotiven in ihren Osterfelder Jahren nur geringe Laufleistungen, wurden sehr schnell abgestellt und ausgemustert, sodass bereits 1973 die Ära der E 91 im Ruhrgebiet und am Niederrhein beendet war.

Die Baureihe E 91 war bereits 1925 in Dienst gestellt worden. In der Folgezeit kam es zu drei Varianten, die übrigens alle in Osterfeld anzutreffen waren. Krauss-Maffei und AEG zeichneten verantwortlich für den mechanischen Fahrzeugbereich und WASSEG für die Elektrik. E 91 01-20 (bayerische EG 5) waren für den Einsatz in Bayern vorgesehen, E 91 81-94 (preußische EG 581-594) wurden auf den

Die Oberhausener 191 100 gehört zu der Serie 1927 nachgebauter Lokomotiven. Sie wurde als eine der letzten E 91 im Jahr 1975 ausgemustert und als Ersatzteilspender für Museumslok E 91 99 genutzt.

schlesischen Gebirgsstrecken gebraucht. E 91 95-106 wurden 1929 für den Dienst auf Steilrampen von der Deutschen Reichsbahn nachgebaut und unterschieden sich durch einige Änderungen (Einbau einer elektrischen Widerstandsbremse, größerer Maschinenraum, Verlängerung um 60 Zentimeter) von den früheren Maschinen. Aus dieser Serie gelangte nur E 91 97 (191 097) von Freiburg nach Osterfeld, wo sie als letzte der 13 Osterfelder Loks am 1. November 1973 abgestellt wurde.

Die Leistungsfähigkeit der dreiteiligen Lokomotiven, deren vorderer und hinterer Lokkasten auf drei Achsen ruhte, lässt sich an einigen Daten ablesen: 123,7 Tonnen Reibungsgewicht bei einem Achsdruck von 20/21 Tonnen, Dauerleistung 1.660 Kilowatt. Auf den flachen Strecken des Niederrheins konnten die Maschinen damit 2.000 Tonnen befördern. Dass die Lokomotiven sich bewährten, kann man an ihrer Laufleistung ablesen: E 91 02 (191 002) brachte es auf über 1,5 Millionen Kilometer.

21 Moderner Güterverkehr am Niederrhein
Trimodale Container-Umschlagplätze

Weltweit einheitlich genormte Transportkästen – eine Erfindung, die das Transportwesen revolutionierte und heute zu den Selbstverständlichkeiten unseres Alltags gehört.

Dabei gibt es den Container erst seit gut 50 Jahren. Seine Erfindung machte zigtausend Arbeitsplätze in Häfen überflüssig, ermöglichte völlig neue Transportketten und verbilligte den Warentransport über Kontinente radikal.

Auch am Niederrhein sind große Umschlagplätze für Container errichtet worden. Duisburg mit seinem Binnenhafen entwickelte sich zu einem Zentrum des Containerumschlags und plant das größte derartige Terminal im europäischen Hinterland. Die Duisburger Hafen AG (duisport) nimmt ihre Kohleinsel ab 2020 vom Markt und errichtet dort gemeinsam mit internationalen Partnern ein trimodales Containerterminal. Bis 2022 sollen sechs neue Portalkrananlagen, zwölf Ganzzuggleise, fünf Verladeplätze und drei Liegeplätze für Schiffe errichtet werden.

Von Duisburg aus starten wöchentlich bereits zwischen 35 und 40 Züge, die nach zwei- bis dreiwöchiger Fahrt und damit doppelt so schnell wie die großen Containerschiffe China erreichen. Damit laufen laut duisport rund 30 Prozent des gesamten Handels auf der Schiene zwischen China und Europa über den Duisburger Hafen. Die Anzahl dieser Züge weist ein rasantes Wachstum auf.

An verschiedenen Stellen ist Trimodalität am Niederrhein bereits Alltag. Worum geht es dabei? Die in Containern transportierten, ständig wachsenden Mengen an Fracht müssen möglichst effektiv von Herstellerwerken direkt zum Verbraucher gebracht werden. Dazu ist eine enge Kooperation des Schienen-, Binnenschifffahrts- und Lastwagenverkehrs notwendig. Die Contargo GmbH bietet an den Standorten Emmerich, Wesel/Emmelsum, Duisburg und Neuss

(vgl. zum Rheinhafen Neuss Kapitel 42) trimodale Umschlagsmöglichkeiten an und verbindet den Containerverkehr zwischen den großen Seehäfen und dem Binnenland. Das Unternehmen wirbt mit dem Versprechen, Lösungen zu finden, um Straßenverkehr zugunsten des Transports über Wasser und Schiene zu reduzieren, doch dürfte der Lkw gerade am Standort Duisburg, wo sich das Duisburg Intermodal Terminal (DIT) befindet, wegen der Nähe zu fünf Autobahnen weiterhin von großer Bedeutung sein.

Das DIT befindet sich bei Rheinkilometer 773. Es hat einen Bahnanschluss nach Duisburg-Rheinhausen, wo Züge und Schiffe von und nach Rotterdam, Antwerpen und Zeebrugge abgefertigt werden. Von hier ergeben sich dann Bahnverbindungen, die unter anderem sowohl in benachbarte EU-Länder als auch nach China, Russland und in die Türkei reichen.

Die zwei Neusser Terminals liegen bei Rheinkilometer 740, die Bahnanbindung erfolgt über den Bahnhof Neuss-Hessentor. Die Verbindungen per Schiff und Bahn reichen nach Antwerpen und Rotterdam.

Weiter nördlich, bei Rheinkilometer 813, befindet sich das kleinere Terminal Emmelsum mit seinem Schienenanschluss zur Walsumbahn. Knapp 40 Kilometer weiter in Richtung Niederlande wird das Terminal Emmerich durch Binnenschiffe von und nach Rotterdam und Antwerpen erreicht. Mehrmals wöchentlich starten im Hafen Emmerich Züge in Richtung Basel.

Auf den Anlagen der DIT Duisburg Intermodal Terminal GmbH zur Umsetzung von Containern in Rheinhausen herrscht immer reger Betrieb.

22 Vom Niederrhein ins Ruhrgebiet
Von Duisburg-Wedau bis Bottrop Süd

Als vier große Bahngesellschaften im 19. Jahrhundert den Niederrhein erschlossen, geschah dies in heftiger Konkurrenz um das lukrative Gütergeschäft, das mit der Industrialisierung und der Beförderung von Erz, Kohle und anderen Rohstoffen verbunden war.

Deshalb wurden oft Strecken parallel gelegt und folgten keinem übergeordneten Erschließungsplan. An den Personenverkehr dachte man hierbei in der Regel nicht als erstes. Mit der Übernahme der Strecken durch den preußischen Staat im Rahmen der Verstaatlichung der Eisenbahngesellschaften Anfang der 1880er-Jahre ergab sich eine neue Situation. Nun konnte man mit Blick auf das Gesamtnetz entscheiden, bestimmte Strecken gezielt für den deutlich schnelleren Personenverkehr zu nutzen und andere ganz dem Güterverkehr vorzubehalten oder nur in Teilbereichen für Reisezüge zu nutzen.

Die zweigleisige Strecke von Duisburg nach Düsseldorf über den ehemals großen Rangierbahnhof Duisburg-Wedau in Richtung Düsseldorf und Köln war bestens geeignet, um Güterzugleistungen zu übernehmen, zumal sie seinerzeit von der Rheinischen Eisenbahn-Gesellschaft (RhE) als Verknüpfung ihrer Ost-West-Achse durch das Ruhrgebiet mit der Rheinstrecke ab Köln konzipiert wurde. In Richtung Norden bot sich eine eigene Brücke neben der heutigen Autobahn A3 an, über die die Strecke direkt mit dem Rangierbahnhof Oberhausen West verbunden war. Heute ist diese Strecke in Richtung Süden Teil einer sechsgleisigen Nord-Süd-Magistrale, die neben den beiden Güterzuggleisen noch weitere Gleise für die S-Bahn und den Personenfernverkehr umfasst.

In Richtung Ruhrgebiet ergab sich die Bahnstrecke von Duisburg-Wedau nach Bottrop Süd als eine ausschließlich dem Güterverkehr vorbehaltene Trasse. Vom längst stillgelegten und nun für die Bebauung mit Wohn- und Geschäftshäusern vorgesehenen Güterbahnhof Duisburg-Wedau und von Duisburg-Hochfeld Süd aus führt die Strecke nach Oberhausen West und vorbei am berühmten Oberhausener Gasometer sowie dem neuen Einkaufszentrum CentrO, das auf dem Gelände des ehemaligen Montan- und Maschinenbauunternehmens Gutehoffnunghütte (GHH) bzw. seit 1953 der Hüttenwerk Oberhausen AG (HOAG), später Thyssen, erbaut wurde, nach Bottrop Süd. Dort fädelt sie sich in die von Osterfeld Süd kommende Strecke in Richtung Gladbeck West und weiter nach Hamm ein. Zugleich stellt sie den Anschluss an den Duisburger Binnenhafen her und ermöglicht die Umfahrung des Duisburger Hauptbahnhofs, an dessen Halle nach Auflassung der umfangreichen Güteranlagen heute zusätzlich ein einzelnes stark befahrenes Gleis für den Güterverkehr vorbeiführt.

Genau genommen verknüpft die viergleisige Eisenbahntrasse über den

Sehr abwechslungsreich ist der Güterverkehr auf dem viergleisigen Streckenabschnitt in Duisburg. Von 2007 bis 2009 setzte Railion Deutschland niederländische Dieselloks der Reihe 6400 in Dreifachtraktion vor Kohlezügen zu Hüttenwerken in Duisburg ein.

Abzweig „Lotharstraße" zwischen Oberhausen und Duisburg drei Strecken, die sich entlang der A3 eine gemeinsame Trasse teilen.

Ursprünglich spielte die Strecke der RhE von Troisdorf bei Köln nach Mülheim-Speldorf, die schon in den 1870er-Jahren parallel zur Strecke Köln–Düsseldorf–Duisburg der Cöln-Mindener Eisenbahn (CME) verlief, nie eine besondere Rolle für den Reiseverkehr. Auch der Personenbahnhof Oberhausen West der RhE ist schon lange Geschichte, denn der von der CME errichtete Hauptbahnhof hatte ihn entbehrlich gemacht.

Auf der Strecke von Düsseldorf über Ratingen nach Duisburg gab es zuletzt nur noch bis zum 13. Dezember 2019 Personenverkehr zwischen Duisburg-Entenfang, gleich gegenüber dem ehemaligen Betriebswerk Wedau, und dem Duisburger Hauptbahnhof. Die Gesamtstrecke wird schon seit 1983 nicht mehr von planmäßigen Reisezügen befahren.

Diese Situation könnte sich aber bald ändern, denn in einer gemeinsamen „Wedauer Erklärung" der Kommunen Düsseldorf, Duisburg, Ratingen und des Kreises Mettmann wird die Reaktivierung „Ratinger Weststrecke" für den SPNV gefordert. Damit würde der oben schon angesprochene Entenfang-Express, so heißt die RB 37 im Volksmund, vom Duisburger Hauptbahnhof über Bissingheim zum Entenfang zukünftig weiter über Ratingen bis nach Düsseldorf fahren.

23 Auf Fähren über den Rhein
Die Trajektanstalt Homberg–Ruhrort

Ein großer Fluss wie der Rhein stellt für den Güter- und Personenverkehr einerseits ein Hindernis dar, weil man ihn überqueren muss, andererseits erleichtert er gerade den Massenguttransport, weil er mit Schiffen befahren werden kann.

Deshalb entwickelten sich auch die Hauptverkehrswege am Niederrhein in nordsüdlicher Richtung. Ebenso folgte die erste Eisenbahn dieser Richtung, als 1856 mit dem Bau der Strecke von Oberhausen nach Arnheim die Schifffahrt erhebliche Konkurrenz bekam. Erst neun Jahre später nahm die erste linksrheinische Strecke von Krefeld nach Kleve ihren Betrieb auf, auch in Süd-Nord-Richtung.

Doch die industrielle Entwicklung machte auch verstärkt Ost-West-Verbindungen notwendig, die Brückenbauten erforderten. Bei der Entscheidung für eine Brücke spielten neben verkehrstechnischen und finanziellen Interessen auch militärische Überlegungen eine große Rolle. So ist es zu erklären, dass erst 1871 bei Wesel mit dem Bau einer Brücke begonnen wurde, die 1874 in Betrieb ging.

Dort, wo ein Brückenbau noch nicht vorgesehen war bzw. die nächste erreichbare Brücke weit entfernt lag, wurden Mitte des 19. Jahrhunderts Fähren, sogenannte Trajekte, eingerichtet, die mit Schienen versehen waren, um Lokomotiven und Wagen transportieren zu können. Diese Art der Querung des Rheins war jedoch nicht nur zeitraubend und aufwändig, sondern musste auch dem unterschiedlichen Wasserstand des Flusses Rechnung tragen. Das ermöglichten Hebetürme, mittels derer die Eisenbahnfahrzeuge auf das Schiff und wieder zurück an Land gelangten.

Wie bereits oben erwähnt, spielten für die Errichtung des Trajekts militärstrategische Überlegungen eine große Rolle und gaben ihm den Vorzug vor einem Brückenbau. Immerhin bestand so 1852 bereits die Möglichkeit, Eisenbahnwagen über den Rhein zu setzen. Bis zu 700 Waggons wurden so monatlich über den Fluss gebracht. Vier Jahre später wurde dann nach englischem Vorbild der Hebeturm gebaut, der eine Hydraulik nutzte, um Wagen mit Ladung bis zu 35 Tonnen auf einer Plattform zu heben und zu senken. Auf diese Weise konnten täglich sogar bis zu 200 Wagen trajektiert werden.

Während der Hebeturm auf der Duisburger Rheinseite 1971 abgerissen wurde, konnte sein Gegenüber auf Homberger Seite erhalten und für neue Zwecke genutzt werden. Das Bauwerk ist heute Bestandteil der Route der Industriekultur des Ruhrgebiets. Eine Infotafel zeigt uns, wie die Zuführung der Bahn zum Hebeturm Mitte des 19. Jahrhunderts aussah. Heute ist der Turm von Wohnhäusern umgeben.

Ein Hebeturm ist heute noch museal erhalten und zwischen Wohngebäuden in Duisburg Homberg zu sehen.

24 Bauwerk mit großer Bedeutung
Die Haus-Knipp-Eisenbahnbrücke

Die mittelalterliche Burg Haus Knipp war direkt am Rhein erbaut worden und lag später auf einer Sandbank, bis nach einer Zerstörung nur noch eine Ruine übrigblieb. Um 1620 wurde die Festung wiederaufgebaut und war in den folgenden Jahrhunderten eine markante Landmarke für die Schifffahrt auf dem Rhein. Doch 1939 musste Haus Knipp einer Erhöhung des Deichs weichen.

Doch noch immer ist die mittelalterliche Burg Haus Knipp Namensgeberin der nördlichsten Rheinbrücke am deutschen Teil des Niederrheins. Bekannt ist sie den meisten von uns durch einen Blick aus dem Auto beim Befahren der parallel liegenden Autobahnbrücke über den Rhein. Personenzüge fahren planmäßig nicht über die Brücke, sodass nur Lokomotivführer der Güterzüge und Fahrgäste gelegentlicher Sonderfahrten, zum Beispiel mit dem „Reviersprinter“ – einem in Dorsten beheimateten Schienenbus –, das laute Rattern beim Überfahren der Stahlbrücke kennen. Denn die Balkenträgerbrücke in Fachwerkbauweise war mit 186 Metern Spannweite in der Flussmitte zu ihrer Bauzeit das am weitesten gespannte Bauwerk seiner Art Kontinentaleuropas. Wie bei

Dieses Foto verdeutlicht die großen Ausmaße des Bauwerks. Im Hintergrund bildet die moderne Autobahnbrücke einen interessanten Kontrast.

ähnlichen Projekten war hier die Firma Harkort tätig, die zwei Jahre vor dem Ersten Weltkrieg die Brücke fertigstellte. Im Unterschied zu anderen derartigen Bauten dieser Zeit hatte man auf trutzig wirkende Brückentürme verzichtet.

Mit dem Bau der Brücke wurde eine Entlastung jener in Hochfeld erreicht. So konnten die Krefelder Bahnanlagen entlastet und die Rangierbahnhöfe Hohenbudberg, Oberhausen West und Osterfeld Süd besser verbunden werden.

Von Anfang an diente die Brücke hauptsächlich dem Güterverkehr. Erst 1929 wurde nach dem Bau einer Verbindungsstrecke zum Bahnhof Moers auch der Personenverkehr von Oberhausen nach Moers aufgenommen. Am 23. September 1983 fuhr hier jedoch der letzte planmäßige Personenzug.

Auch diese Brücke blieb zum Ende des Zweiten Weltkriegs nicht von der Sprengung durch deutsche Truppen auf dem Rückzug verschont. Doch bereits 1946 konnte die Haus-Knipp-Brücke als erste Eisenbahnbrücke über den Rhein wiederaufgebaut und in Betrieb genommen werden.

Am 1. Dezember 1970 wurde der elektrische Zugbetrieb über die Brücke aufgenommen. Nachdem für einige Jahre nur ein Gleis befahrbar war, wurde im Rahmen einer grundlegenden Sanierung der Brücke im Jahr 2013 wieder der Betrieb auf zwei Gleisen ermöglicht.

Bis heute kommt der Brücke eine große Bedeutung für den Transport von Kohle, Koks, Erz und Stahl zu. Auch wenn die Zechen mittlerweile stillgelegt wurden, sorgen doch unter anderem der Kohlenhafen Orsoy und die Stahlerzeugung bei ThyssenKrupp in Duisburg für recht regen Betrieb, den man an schönen Sommertagen von den Rheinwiesen aus gut beobachten kann.

25 Stark frequentiert
Die Hochfelder Eisenbahnbrücke

Für planmäßigen Reiseverkehr mit der Bahn ist die Hochfelder Brücke die nördlichste Eisenbahnquerung des Rheins in Deutschland. Die viel befahrene Brücke wird jedoch auch von Güterzügen genutzt.

Neben den Güterzügen verkehren im Jahr 2020 über die Brücke folgende SPNV-Linien: RB 31 (Duisburg Hbf–Moers, Betreiber: NordWestBahn GmbH), RB 33 (Essen Hbf–Aachen Hbf, Betreiber: DB Regio AG NRW), RB 35 (Gelsenkirchen Hbf–Mönchengladbach Hbf, Betreiber: Abellio Rail NRW GmbH), RE 42 (Münster Hbf–Mönchengladbach Hbf, Betreiber: DB Regio) und seit Februar 2020 RE 44 (Bottrop Hbf–Moers, Betreiber: NordWestBahn).

Wenn wir die Brücke heute von der linken Rheinseite betrachten, sehen wir daneben zwei Türme. Sie gehörten zur ersten Eisenbahnbrücke über den Rhein in Duisburg, die 1873 eröffnet wurde. Ihre wehrhafte Anmutung zeigt Zeitgeist und Interessen, die beim Bau mitwirkten, denn die relativ späte Inbetriebnahme der Brücke, die man eigentlich schon 1866 benötigt hätte, hatte wie so oft militärische Gründe. Wieder einmal ging es darum, den französischen „Erbfeinden“ im Westen den Weg nach Deutschland nicht zu leicht zu machen. Deshalb musste zunächst ein Fährbetrieb ausreichen, der aber dem steigenden Aufkommen nur

wenige Jahre genügte. Nach dem deutsch-französischen Krieg von 1870/1871 konnte die dringend erforderliche Brücke dann gebaut werden. Die starke Nutzung und schlechte Unterhaltung des Bauwerkes während des Ersten Weltkriegs sowie eine Verbreiterung der Fahrrinne des Rheins machten jedoch nach nur wenigen Jahrzehnten einen Neubau erforderlich.

Wegen der Reparationsbestimmungen des Versailler Vertrages wurde die neue Brücke ebenfalls zweigleisig ausgeführt und nicht wie eigentlich erforderlich viergleisig. Harkort, Krupp und die Dortmunder Firma Jucho erhielten den Auftrag zur Lieferung der stählernen Überbauten. In der Mitte des Stroms sollten 190 Meter überspannt werden, drei weitere Brücken von mehr als 100 Metern kamen hinzu. Auf Rheinhausener Seite mussten 15 Flutöffnungen errichtet werden, auf der Hochfelder Seite eine gut 50 Meter überspannende Fachwerkkonstruktion. 1927 konnte die neue Brücke in Betrieb genommen werden.

Im März 1945 drangen US-amerikanische Truppen zum Rhein vor. Die Wehrmacht sprengte zu Kriegsende die Brücke in dem vergeblichen Versuch, die vorrückende amerikanische Armee aufzuhalten. Die stählernen Brückenteile stürzten in den Rhein, was eine schnelle Wiederherstellung nicht möglich machte. Deshalb errichtete die US-Armee in nur wenigen Tagen eine Notbrücke. Erst knapp fünf Jahre später gab es wieder eine zweigleisige Brücke – die nunmehr dritte an dieser Stelle –, die kein Provisorium mehr war. Bis Ende Mai 1964 beherrschte die Traktion mit Dampflokomotiven den Verkehr über die Brücke. Doch dann konnte der elektrische Betrieb zwischen Duisburg und Krefeld aufgenommen werden.

Eine V 160 in Farben der NIAG erreicht die Rheinbrücken aus Richtung Rheinhausen. Rechts sehen wir die martialisch wirkenden Brückenköpfe der ursprünglichen Hochfelder Brücke.

26 Neue Aufgaben
Betriebswerk Krefeld

Das ehemalige Bahnbetriebswerk Krefeld an der Bahnstraße mit seinem 19-ständigen Ringlokschuppen, seiner 23-Meter-Drehscheibe und weiteren Anlagen zur Behandlung von Dampf- und Diesellokomotiven ist denkmalgeschützt, wird heute aber noch genutzt.

Die Bahnbetriebswerk Krefeld Betriebs-GmbH & Co. KG (BwK) bietet Bahngesellschaften eine breite Palette an Serviceleistungen für Elektro- und Diesellokomotiven an. Dazu gehören Reparatur- und Reinigungsarbeiten, Abstellmöglichkeiten und die Bereitstellung von Personal. Von den Gleisen des Betriebswerks lassen sich über Weichenstraßen alle Bahnsteiggleise direkt erreichen.

Manfred und Daniel lernten dieses Betriebswerk im Jahr 2002 kennen, als die Lokführerin Barbara-Birgit Pirch, Eisenbahnfreunden bekannt als Eigentümerin historischer Lokomotiven – unter anderem einer V 200 (221 135, vgl. dazu Kapitel 8) und einer E 94 (194 158) – dort ihren Fuhrpark unterstellte. Das dritte Fernsehprogramm der ARD war durch eine Sonderfahrt der Eisenbahnfreunde OnWheels e. V. auf die Lokführerin aufmerksam geworden und drehte mit ihr und uns einen kleinen Film auf dem Krefelder Gelände, das eine passende Umgebung für Nostalgiefreunde bot. Der Beitrag ist unter dem Stichwort „OnWheels im Fernsehen 2002" auf dem Portal YouTube abrufbar.

Bei den bahntechnischen Anlagen, zu denen auch eine funktionierende, 23 Meter große Drehscheibe gehört, handelt es sich um Bauwerke, die authentisch das Aussehen solcher Werke in der Zeit vor dem Ersten Weltkrieg wiedergeben. Eine Stiftung und ein Förderverein kümmern sich um Erhalt und Pflege des 19-ständigen Ringlokschuppens, der aus Backsteinen errichtet wurde. Im Jahr 1900 war mit dem Bau begonnen worden und bis 1992 war das Werk eine selbstständige Dienststelle der Deutschen Bahn, die es noch bis Mitte Juni 1999 nutzte und Ende 2003 verkaufte.

Wenn man aus Richtung Köln und Duisburg nach Krefeld kommt, sieht man das Betriebswerk unmittelbar vor dem Hauptbahnhof auf der rechten Seite. Zufahrtsgleise verbinden Werk und Bahnhof. Außer dem Ringlokschuppen kann noch eine viergleisige Triebwagenhalle für die Reparatur und Wartung von Fahrzeugen genutzt werden.

Zur Bekohlung von Dampflokomotiven diente bis Mitte der 1960er-Jahre eine Sturzbühne und neben der Bekohlungsanlage befand sich eine Grube zum Ausschlacken. Hinzu kam eine Anlage zur Besandung der Lokomotiven, die mit einem Lagergebäude heute noch vorhanden ist.

Die Bedeutung des Betriebswerks bestand hauptsächlich in der Bereitstellung von Lokomotiven für den Personenzugverkehr. Über viele Jahre

Im Rahmen der Dreharbeiten für einen Fernsehbeitrag des WDR über Barbara-Birgit Pirch und die Eisenbahnfreunde OnWheels entstand dieses Foto 2002 im Betriebswerk Krefeld.

wurden dafür die allgegenwärtigen 38er (preußische P 8) genutzt, zu denen sich Ende der 1950er-Jahre fabrikneue 23er gesellten. Nach Ausmusterung beziehungsweise Abgabe der Dampfloks an andere Betriebswerke bekam das Werk große regionale Bedeutung für den Einsatz von Dieselloks. Das können Sie anhand der Aufstellung unten und der Ausführungen in Kapitel 3 nachvollziehen.

Die folgende Aufstellung zeigt, wie sich der Strukturwandel von der Dampf- zur Dieseltraktion in Krefeld vollzog:

Baureihe	Anzahl 10/1961	Anzahl 7/1962	Anzahl 12/1963	Anzahl 5/1964	Anzahl 7/1966	Anzahl 9/1967
23	6	6	6	6	-	-
38.10	20	20	9	7	-	-
56.2	6	6	6	5	-	-
91	-	2	-	-	-	-
V 60	-	-	-	-	6	6
V 100	-	-	-	-	18	17
V 160	-	-	-	-	5	5
Köf	-	-	-	-	6	
VT 95/VB 142	-	-	-	-	-	11

27 Bekanntes Ausbesserungswerk
Das AW Krefeld-Oppum

Das Ausbesserungswerk (AW) Krefeld-Oppum ist eines der modernsten Kompetenzzentren der Sparte Instandhaltung der Deutschen Bahn. Hier werden alle ICE-Baureihen und Elektrotriebwagen der DB in regelmäßigen Zyklen gewartet oder im Bedarfsfall instandgesetzt und repariert.

Das Werk Oppum gehört zur „DB Fahrzeuginstandhaltung GmbH" der Deutschen Bahn AG; die Oppumer, so heißen die Bewohner des gleichnamigen Krefelder Stadtteils, nennen es nur „Das Ausbesserungswerk".

1892 ist es aus der Betriebswerkstätte des Bahnhofs Krefeld hervorgegangen und war mit rund 300 Mitarbeitern zunächst für die Instandhaltung von Güter- und Reisezugwagen zuständig. Bereits sieben Jahre später kamen Dampfloks zum Portfolio des Werkes hinzu, das in „Königliche Eisenbahn-Hauptreparaturwerkstatt Oppum" umbenannt wurde. Im Jahr 1924 übernahm die Deutsche Reichsbahn Gesellschaft (DRG) das AW; jetzt heißt es „Ausbesserungswerk Krefeld-Oppum". 1955 wurde Oppum zur zentralen Aufarbeitungsstelle für Stoßdämpfer von Reisezugwagen.

Im Jahr 1980 startete im AW Oppum das Sonderprogramm zur Modernisierung von Liegewagen. Zwölf Jahre später feierte das Werk 1992 sein 100-jähriges Bestehen und mit Gründung der Deutschen Bahn AG wurde das AW zum „Werk Krefeld". 1998 wurde dort die Segmentierung, also die Aufteilung in zwei Fahrzeugsegmente sowie die Segmente Nebenwerkstatt und interner Service, eingeführt. Zwei Jahre später entstand ein hochmoderner Druckmessstand und mit Beginn des Jahres 2001 wurde der Zweischichtbetrieb eingeführt. Nachdem zugleich alle großen Werke zum Fachbereich „TI Fahrzeuginstandhaltung" der DB kamen, ist das AW Oppum nun für deren ICE-Triebzüge zuständig, was allerdings das Aus der Ausbesserungswerke in Nürnberg und Opladen bedeutete. Weitere zwei Jahre später, 2003, weihten der damalige Bahnchef Hartmut Mehdorn und Krefelds Oberbürgermeister Dieter Pützhofen gemeinsam die neue ICE-Halle ein.

Das Werk hat sich im Laufe der Zeit über die Instandhaltung von Lokomotiven, Reisezug- und Güterwagen sowie die Geräte- und Weichenausbesserung zu einem Triebzug- und Reisezugwagenwerk entwickelt, das sogar auch noch Museumsfahrzeuge betreuen kann. Nach rund eineinhalb Millionen Laufkilometern beziehungsweise alle sechs bis maximal acht Jahre rollt jeder der 274 ICE zur Hauptuntersuchung nach Krefeld. Doch nicht nur sie: Auch alle elektrischen Triebzüge des Nahverkehrs in Deutschland – etwa die Baureihen 423 bis 426 – fahren in regelmäßigen Abständen nach Oppum. Daneben hat sich das Werk besonders auf Unfallreparaturen von Schienenfahrzeugen aus Aluminium und auf kundenspezifische Refits (Umrüsten/Umbauen) spezialisiert.

Diesellok V 45 009 als Werklok im AW Oppum.

Revisionen, Bedarfsinstandsetzung, Unfallreparaturen folgender Triebfahrzeuge/Waggons

- ET 420, ET 422, ET 423 bis 426, ET 427/429 (FLIRT), ET 440, ET 442, x-Wagen
- ICE 1, ICE 2, ICE 3/T/TD

Instandhaltung und Neufertigung von folgenden Komponenten

- Drehgestelle
- Radsätze
- Glasfaserkomponenten (GFK-Formteile)
- Klebearbeiten
- Kompetenzzentrum Schweißen
- Schwingungsdämpfer für Schienenfahrzeuge
- elektrische und elektromechanische Komponenten
- Elektronikkomponenten (Zentralwerkstatt)
- Kegelrollenlager
- Getriebe für ICE 3/TD und Elektrotriebwagen
- Oberflächenbehandlung (Strahlen/Lackieren)
- WC-Module
- breite Palette an Aluminium- und Stahlteilen

Redesign- und Modernisierungsprojekte

- für alle Elektrotriebwagen und ICE-Baureihen
- Referenzprojekte
- Redesign von ET 423
- Revision IS 6 an ET 426 und ET 427/429 (FLIRT)
- Videoüberwachungssystem ET 424/425

28 Heute ein Containerterminal
Alter Rangierbahnhof Hohenbudberg

In den Jahren 1966 bis 1971 zog es Manfred und seine Freunde immer wieder nach Hohenbudberg, das von Sterkrade aus recht gut mit dem Fahrrad zu erreichen war.

Hier gab es einen riesigen Rangierbahnhof, auf dem immer etwas los war. Güterzüge erreichten und verließen ihn in kurzen Zeitabständen. Mehrere Rangierlokomotiven waren gleichzeitig damit beschäftigt, Züge zusammenzustellen und über Ablaufberge zu drücken. Neben dem Betrieb mit den „alten Preußen" der Baureihen 55 und 94, die zum Rangieren und für Übergaben eingesetzt wurden, faszinierten die Eisenbahnfreunde die in Hohenbudberg abgestellten Dampfloks der Bahndirektion Köln. Darunter waren sogar die jeweils letzten Maschinen einer Baureihe zu sehen: 24 067, 74 1070, 56 241 und 91 1595 waren die letzten ihrer Art bei der DB. Den jungen Eisenbahnfreunden hatte es besonders die 24er angetan, verkehrte doch diese Baureihe als Märklin-Modell auf fast jeder Anlage und wie gerne hätte man eine davon im Einsatz erlebt!

Das Betriebswerk selbst lag mitten in den Gleisanlagen und konnte durch einen Tunnel erreicht werden. Der große quadratische Lokschuppen war von zwei Seiten befahrbar. Unsere jungen Eisenbahnfreunde begaben sich stets zur Lokleitung und fragten, ob sie sich im Gelände bewegen durften, was ihnen auch erlaubt wurde. Manchmal begleitete sie ein Lokführer, der gerade in Bereitschaft war, denn stets konnten sich kurzfristige Sonderleistungen notwendig machen. Eine Stationierungsliste des aktuellen Lokbestandes durfte in der Lokleitung abgeschrieben werden.

Im Jahr 1972 war Schluss mit der Dampflokherrlichkeit in Hohenbudberg. Nur wenige Loks wurden zu anderen

Entwicklung des Dampflokbestands des Bahnbetriebswerks Hohenbudberg von 1966 bis 1971:

Zeitpunkt	Baureihe 50 bzw. 050-052	Baureihe 55.25 bzw. 055	Baureihe 56	Baureihe 94.5 bzw. 094
10/66	41	15	1	8
10/67	40	12	1	8
8/68	34	11	0	8
1/69	28	9	0	7
3/71	25	4	0	0

Manfreds Bruder Siegfried notiert am 31. Mai 1966 in seinem Notizbuch, dass die letzte 24er der DB, 24 097 des Bw Rheydt, in Hohenbudberg für den Weg zu Verschrottung bereitsteht.

Betriebswerken, etwa nach Gremberg, umbeheimatet.

Ab 1970 kamen neue Dieselloks der Reihe V 90 (290) in Hohenbudberg zum Einsatz. Im Sommer 1971 waren es bereits zehn Maschinen, die den Einsatz der letzten 55er beendeten.

Auf dem Gelände des Bahnbetriebswerks wurden ausgemusterte Lokomotiven der Bahndirektion zusammengezogen, bevor es zur Verschrottung ging. Im Januar 1969 befanden sich 35 abgestellte Loks dort. Sie verteilten sich auf folgende Baureihen:

Baureihe	Anzahl	Bemerkungen
03	5	
38	2	darunter 38 3541 Bw Mönchengladbach
41	2	41 010 und 41 336 Bw Köln-Eifeltor
50	14	
55	7	darunter 55 3964 Bw Rheydt und 55 2771 Bw Gremberg
56	1	56 241 Bw Hohenbudberg
93	2	darunter 93 635 Bw Stolberg
94	2	94 1367 Bw Stolberg

29 Neue Triebwagen aus Uerdingen
Werk der Siemens Mobility GmbH

Das Werk der Siemens Mobility GmbH im Krefelder Stadtteil Uerdingen – so der heutige Name der weltbekannten DUEWAG (Waggonfabrik Uerdingen/Düsseldorfer Waggonfabrik) – ist hochmoderner Produktionsstandort für Diesel- und Elektrotriebzüge, Reisezug- und Güterwagen sowie Omnibusse und Straßenbahnen.

Bereits am 24. Januar 1899 erhielt die Waggon-Fabrik AG Uerdingen von der Preußischen Staatsbahn ihren ersten Probeauftrag über 186 Waggons unterschiedlicher Art. Darauf folgte ein erster Privatauftrag der Kleinbahn Hoya-Syke-Asendorf. Privataufträge waren ein wichtiges Standbein, da man sich mit ihnen das Vertrauen der Staatsbahn mit ihren existenzsichernden Bestellungen noch erarbeiten musste. Vorteile bot die geografische Lage Uerdingens zum Ruhrgebiet und zur niederländischen Grenze. So folgten Aufträge aus der Schwerindustrie sowie Fahrzeuglieferungen für die Straßenbahnen im Ruhrrevier. Erste Exporte gingen in die Niederlande, nach Luxemburg, Italien, Indien und nach London.

Im Juni 1904 bedrohte ein Großbrand der Holzbearbeitungswerkstätten die Existenz der Waggonfabrik, denn Holz war seinerzeit ein zentraler Baustoff für Waggons, sodass zunächst keinerlei Auslieferungen mehr stattfinden konnten. Später verließen etwa bis zum Beginn des Ersten Weltkrieges jährlich rund 800 Waggons das Werk.

Ab 1920 besaß die Waggonfabrik Uerdingen eine eigene Werkfeuerwehr. Ein

Jahr später beschäftigte die Firma etwa 1.300 Mitarbeiter, die erste Aufträge für die Vestischen Straßenbahnen und für die Rheinische Bahngesellschaft AG, die heutige Rheinbahn, abwickelten, woraufhin das Uerdinger Werk erweitert wurde und unter anderem Kesselwagen zum Produktionsschwerpunkt avancierten. So wurden in den frühen 1920er-Jahren bis zu 3.000 Wagen pro Jahr produziert, darunter überwiegend Güterwagen und die ersten D-Zug-Einheitswagen dritter Wagenklasse (C4ü) mit genietetem Stahlwagenkasten.

Am 4. Dezember 1922 wurde zum Zweck des Verkaufs der Ringfedern und Reibungspuffer die Ringfeder GmbH gegründet. Sie entwickelte und produzierte Federapparate für Puffer, die durch die nun verwendete Kunze-Knorr-Bremse erforderlich wurden. In Japan, den USA, Italien und Frankreich wurden Ringfedern in Lizenz produziert. Die Firma ist heute Teil der VBG Group Truck GmbH in Krefeld.

1935 übernahm die Waggon-Fabrik AG Uerdingen das gesamte Aktienkapital der Düsseldorfer Waggonfabrik AG von der Linke-Hofmann-Busch-Werke AG, wobei die Waggonfabrik Talbot in Aachen 25 Prozent Anteile erhielt. Zu dieser Zeit konzentrierte man sich in Uerdingen auf den Bau von Eisenbahnfahrzeugen, während im Düsseldorfer Waggonwerk Fahrzeuge für den Nahverkehr, insbesondere Straßenbahnwagen, hergestellt wurden.

1939 forderte die Deutsche Reichsbahn die grundsätzliche Verwendung des Uerdinger Leichtbau-Radsatzes, der maßgeblich in Uerdingen entwickelt und vom Bochumer Verein hergestellt wurde.

Im Zweiten Weltkrieg erlitt das Uerdinger Werk starke Schäden. Insbesondere die westlich der zentral im Werk gelegenen Schiebebühnenstraße befindlichen Holzbearbeitungswerkstätten wurden durch Brand- und Sprengbomben zerstört.

1959 wurde die Düsseldorfer Waggonfabrik AG vollständig in das Uerdinger Unternehmen eingegliedert. 1981 erhielt es mit den Werken in Uerdingen und Düsseldorf offiziell den Namen DUEWAG AG, wobei der mehrheitliche Aktienbesitz bei der Waggonfabrik Talbot lag.

Im Jahr 2000 wurde der Düsseldorfer Standort aufgelöst und dessen Produktion in das Werk Uerdingen eingegliedert. Heute weist die ehemalige Waggonfabrik in Uerdingen eine Produktionsfläche von rund 74.000 Quadratmetern auf.

Zu den bekanntesten Produkten aus Uerdingen zählen die Triebwagen der DB-Baureihen VT 24.5 und ET 30 sowie die in jüngerer Zeit teils in Konsortien mit anderen Herstellern gefertigten DB-Baureihen 628, 420, 423 und 425. Dazu kamen die Hochgeschwindigkeitsbaureihen des ICE 2, ICE 3 und des ICE T. Rein unter Siemens-Fertigung fallen heute die Fahrzeugplattformen Desiro, Mireo und Velaro. Nicht vergessen werden darf der von 1950 bis 1971 produzierte „Uerdinger Schienenbus“ mit insgesamt knapp 1.500 in verschiedenen Varianten und Lizenzen hergestellten Exemplaren. Die DB hat unlängst 30 neue „ICE 3 neo“ vom Typ „Velaro D“ der Baureihe 407 bei Siemens Mobility in Uerdingen bestellt. Hinzu kommt eine Option auf 60 weitere Züge. Ende 2022 sollen die ersten Fahrzeuge zunächst auf der Köln-Rhein/Main-Strecke vom Rheinland aus nach München unterwegs sein.

◄ Siemens-Werklok 365 236 zieht am 24. Mai 2006 den nagelneuen dreiteiligen Dieseltriebwagen „Class 185 126“ vom Werksgelände in Uerdingen, damit dieser anschließend nach Nordengland überführt werden kann, um als Intercity im TransPennine-Netz eingesetzt zu werden.

30 Durch Krefelds Hinterhöfe
Die Krefelder Eisenbahn-Gesellschaft

Die Krefelder Eisenbahn-Gesellschaft (KEG) wurde am 19. Juli 1880 als Nachfolgerin der in Konkurs geratenen Crefeld-Kreis Kempener Industrie-Eisenbahn-Gesellschaft (CKKIE) gegründet, die ein von Krefeld ausgehendes, rund 46 Kilometer langes normalspuriges Streckennetz aufgebaut hatte.

Die CKKIE war im Jahr 1868 vorwiegend mit englischem Kapital gegründet worden, um die nähere Umgebung der Stadt Crefeld, die seit 1925 „Krefeld" heißt, mit weiteren Strecken zu erschließen. Diese sollten einerseits dem starken Berufsverkehr aus dem Umland in die „Stadt aus Samt und Seide" gerecht werden und andererseits dazu dienen, landwirtschaftliche Produkte und Erzeugnisse der örtlichen Industrie im einstigen Kreis Kempen zu befördern und Kohlen aus dem Moerser Revier heranzuschaffen.

Ausgehend vom heutigen Stadtteil Hüls im Krefelder Norden führte ab 1. November 1870 eine Bahn über Krefeld Nord und West zum Bahnhof Krefeld Süd an der Saumstraße in der Nähe des staatlichen Hauptbahnhofs. Dort mussten die Züge zur Weiterfahrt die Richtung wechseln, um westwärts über St. Tönis, Tönisvorst, das Nierstal und Süchteln schließlich Viersen zu erreichen. Eine weitere Verbindung führte von Süchteln in nördlicher Richtung parallel zur Niers nach Grefrath. Anschließend wurde 1872 die Querspange von Hüls über Kempen nach Süchtelnvorst fertiggestellt.

Obwohl die Zeitumstände günstig waren und vor allem der Personenverkehr gute Erträge abwarf, geriet die Gesellschaft in finanzielle Schwierigkeiten und musste 1874 Konkurs anmelden. Der Betrieb von Süchteln nach Grefrath wurde am 1. Juli des Jahres eingestellt, ging aber auf den übrigen Strecken eingeschränkt weiter. Nach mehreren vergeblichen Versuchen, einen Interessenten für den Bahnbetrieb zu finden, wurde am 19. Juli 1880 die „Crefelder Eisenbahn-Gesellschaft" (CEG) – seit 1927 KEG – vom Frankfurter Bankhaus Erlanger & Söhne gegründet. Dieses brachte in das neue Unternehmen die Strecken und Fahrzeuge der CKKIE ein, die es in einer Versteigerung erworben hatte. Am 1. Oktober 1880 wurde der

Vom Bahnübergang „Gatherhofstraße" aus beobachtet der Fotograf am 9. April 2014 die von der Krefelder Hafenbahn bei northrail angemietete Diesellok 271 025 (G 1000 BB), die den ersten Teil des mit neuen BMW beladenen Zuges in den Anschluss der Firma ARS Altmann drückt.

Betrieb auf den meisten Strecken wiederaufgenommen.

1882 konnte auch die 14 Kilometer lange Strecke von Hüls nach Moers eröffnet werden, die für den Transport der Kohle aus den dortigen Gruben nach Krefeld sehr wichtig war. Jedoch unterblieb der Weiterbau von Grefrath nach Straelen, das erst ab 1901 von Kempen aus über die Geldernsche Kreisbahn erreicht wurde, die wir Ihnen in Kapitel 6 vorstellen.

Im Zuge der Höherlegung des Krefelder Hauptbahnhofes wurde ein neues Übergabegleis von Krefeld West zum neuen Bahnhof Krefeld Süd südlich der Staatsbahn angelegt, am 19. Juli 1907 eröffnet und der bisherige Übergabebahnhof im Norden des Bahnhofes aufgegeben. Den Betrieb der CEG übernahm am 1. März 1921 die Stadt Krefeld selbst, die inzwischen neben dem Kreis Kempen (seit 1929 Kempen-Krefeld) mehr als 90 Prozent der Aktien besaß.

Der Anschluss zum Streckennetz der DB verläuft heute von Krefeld Hbf südlich der Strecken nach Viersen/Mönchengladbach und zum örtlichen Stahlwerk (vgl. Kapitel 39) über die Bahnübergänge „Nauenweg“ und „Forstwaldstraße“ zum Gleisdreieck „Weeserweg“, an dessen östlichem Ende die SWK Stadtwerke Krefeld AG die Fahrzeuge des „Schluff“, einer bekannten Museumseisenbahn, auf ihrem Gelände abstellt; früher war hier auch der „Betriebshof Weeserweg“ der KEG zu finden. Der Schluff verkehrt an Sonn- und Feiertagen in den Sommermonaten von St. Tönis über den Krefelder Nordbahnhof bis zum Hülser Berg. Der Weg dorthin führt unter anderem auch an der Firma Siempelkamp vorbei, die bei Bedarf bedient wird. Hinter dem westlichen Ende des Gleisdreiecks hat die Firma ARS Altmann AG Automobillogistik einen zweigleisigen Gleisanschluss mit Rampen, an denen regelmäßig Fahrzeuge von der Schiene auf die Straße entladen werden.

Bemerkenswert ist der Besuch von Kaiser Wilhelm II. und der Kaiserin Auguste Viktoria, die mit einem Sonderzug im Jahr 1902 von Moers aus kommend bis zum Krefelder Nordbahnhof fuhren.

31 Mit Kesselwagen zum Bäkerpfad
Die Krefelder Industriebahn

Die Krefelder Industriebahn – kurz Kriba – wird durch die Hafen Krefeld GmbH & Co. KG bedient. Die ursprünglich zur Erschließung eines Industriegebietes erbaute Bahn hat heute nur noch einen Anschließer, der aber regelmäßig Kesselwagen empfängt.

Relativ unbekannt unter Eisenbahnfreunden ist die im Krefelder Süden verkehrende Industriebahn zum Industriegebiet „Bäkerpfad". Das liegt vielleicht daran, dass die Bahn einerseits nur rund vier Kilometer lang ist und mittlerweile mit der Evonik Stockhausen GmbH nur noch einen einzigen Gleisanschließer

Unter der Woche wird von Krefeld-Linn Gbf aus der Anschluss von Evonik Stockhausen bedient, der sich an der Krefelder Industriebahn („Kriba") befindet. Die Traktion übernimmt am 24. Mai 2006 D IV der Krefelder Hafenbahn.

hat. Andererseits könnte die Ursache darin zu sehen sein, dass die Kriba seit über 50 Jahren als Nebenbetrieb der Städtischen Eisenbahn Krefeld (Hafenbahn) geführt wird.

Die am Übergabebahnhof in Krefeld-Oppum beginnende Bahn verläuft parallel zur doppelspurigen Straße „Untergath" und endet im Werksgelände der Chemischen Fabrik Stockhausen, die mittlerweile zu Evonik Industries gehört.

Bis Anfang Januar 1999 stellte die DB die für die Kriba bestimmten Wagen noch in Krefeld-Oppum zu. Doch der Rückzug von DB Cargo aus der Fläche sorgte für Veränderungen und die mit Indusi und Zugbahnfunk ausgerüstete Lok „D II" der Hafenbahn Krefeld, eine von MaK im Jahr 1982 gebaute dreiachsige Diesellok vom Typ G 763 C, übernahm die Bedienung der Kriba. Über den Krefelder Rheinhafen und seine Hafenbahn berichten wir in Kapitel 42.

Davor wurde der Kriba immer eine feste Lok zugeteilt, die nach getaner Arbeit ihren Feierabend in dem alten, einständigen Lokschuppen in Krefeld-Oppum verbrachte, der am Übergabebahnhof der Kriba neben dem Rbf Krefeld steht und für Ortsfremde nur schwer zu finden ist. Dabei handelte es sich um die Loks „D III" und „D VI" der Krefelder Hafenbahn – beides dreiachsige Stangen-Dieselloks von Jung aus den Jahren 1956 und 1962. Heute ist der Lokschuppen verwaist, denn die Bedienung der Kriba erfolgt nach der Übernahme der Leistung von DB Cargo durch die Städtische Eisenbahn Krefeld vom Güterbahnhof in Linn aus, sodass auf die Stationierung einer eigenen Lok für die Kriba verzichtet werden kann.

Zum Einsatz kommt heute in der Regel die „D IV", eine von Vossloh (vormals MaK) im Jahr 2000 gebaute, moderne vierachsige Diesellok vom Typ G 1206. In der Regel verlässt diese mit ihrem Güterzug morgens Krefeld-Linn Gbf, um zunächst den am stillgelegten Rbf Krefeld gelegenen Schrotthandel Middeldorf zu bedienen und anschließend die hier abzweigende Kriba zu befahren. Es gibt nur ein Zugpaar täglich von Montag bis Freitag, am Wochenende herrscht Betriebsruhe. Da der Zug sowohl morgens auf der Hinfahrt wie auch mittags auf der Rückfahrt im Gegenlicht fährt, sind Aufnahmen nicht ganz unproblematisch. Dafür hört man ihn schon von Weitem, wenn er aufgrund der unbeschrankten Bahnübergänge bei langsamer Fahrt laut pfeifend auf sich aufmerksam macht.

32 Von Krefeld nach Düsseldorf
Unterwegs mit der K-Bahn

K-Bahn, so lautet die umgangssprachliche Bezeichnung der heutigen Stadtbahnstrecke von Krefeld über Meerbusch-Osterath und -Büderich nach Düsseldorf zum dortigen Hauptbahnhof. Auf der Trasse der heutigen „U 76" verkehrten früher Eisenbahnen von Krefeld nach Neuss und Düsseldorf.

Bereits 1898 in Betrieb genommen, gilt die „K-Bahn" als erste deutsche Schnellstraßenbahn. Zudem handelt es sich bei ihr um die erste städteverbindende elektrische Schnellbahn Europas. Also gleich zwei Rekorde auf einmal!

Der Name „K-Bahn" stammt von der jahrzehntelang verwendeten Linienbezeichnung „K" (wie Krefeld) der Rheinbahn, die die von Düsseldorf ausgehenden Strecken in die umliegenden Städte mit Großbuchstaben des jeweiligen Zielortes bezeichnete. Erst 1980 wurde dieses Prozedere nach Gründung des VRR durch Ziffern ersetzt – im Fall der K-Bahn durch „U 76".

Daniel wohnt in der Nähe der Strecke der K-Bahn in Krefeld-Fischeln, das zu Zeiten der Eisenbahn sogar über einen eigenen Bahnhof verfügte. Heute hält genau an dieser Stelle die K-Bahn – das Bahnhofsgebäude ist noch erhalten und wird als Restaurant mit Biergarten genutzt, gehört aber noch der Düsseldorfer Rheinbahn. Mit seinen Kindern bestaunt Daniel oft die mit bis zu 80 km/h vorbeisausenden Stadtbahnzüge des Typs „B80D", die dort schon in den 1980er-Jahren fuhren. Doch zurück zur Geschichte der Bahn…

Am 15. Dezember 1898 wurde von der 1896 gegründeten „Rheinischen Bahngesellschaft AG" – kurz „Rheinbahn" – die in Normalspur gebaute Kleinbahnstrecke in Betrieb genommen. Voraussetzung dafür war der Bau der Oberkasseler Brücke über den Rhein, später kamen abzweigende Strecken nach Moers und Neuss hinzu. Darüber hinaus wurden auch Strecken vom Düsseldorfer Hauptbahnhof ausgehend nach Duisburg, Wuppertal-Vohwinkel und Solingen-Ohligs betrieben. Bis auf die Linien „K" nach Krefeld und „D" nach Duisburg wurden alle anderen Fernbahnlinien in den 1950er- und 1960er-Jahren aufgegeben und auf Omnibusverkehr umgestellt.

Zwischen Krefeld und Meerbusch-Osterath nutzt die K-Bahn die Trasse des knapp 30 Jahre vor ihrer Eröffnung stillgelegten ursprünglichen Abschnitts der linksniederrheinischen Strecke der Cöln-Crefelder Eisenbahn-Gesellschaft (CCE) von Nimwegen nach Köln, der von 1856 bis 1866 in Betrieb war. Heute läuft die Eisenbahnstrecke nach Neuss bzw. Düsseldorf über Krefeld-Oppum, über die wir in Kapitel 40 berichten, in einem spitzen Winkel auf die Strecke der K-Bahn zu und kreuzt diese mittels einer Unter-/Überführung in Meerbusch-Osterath kurz vor dem dortigen Bahnhof.

Bis zum Düsseldorfer Stadtgebiet, in dem die Strecke als klassische Straßenbahn betrieben wird, rasen die Züge der K-Bahn als Überland-Stadtbahn

In Meerbusch-Görgesheide beginnt die Linie U 74, die neben den Zügen der K-Bahn (U 70/U 76) auf der Strecke in Richtung Düsseldorf verkehrt.

hauptsächlich auf eigener Trasse von Vorort zu Vorort. Dort waren die Bahnhöfe einst stets außerhalb angelegt worden. Man erkennt diese traditionellen Halte noch heute an den anliegenden Gasthäusern und den ehemaligen kleinen Bahnhofsgebäuden. Die Trasse wurde dabei ursprünglich sowohl für den Personen- als auch für den Güterverkehr genutzt. Eine interessante Vorstellung, wenn es noch heute so wäre!

Die K-Bahn fährt im 20-Minuten-Takt, abends und am Wochenende halbstündlich. Zu Stoßzeiten ergänzt die Linie „U 70" die „U 76". Dabei handelt es sich um Expresszüge auf derselben Linie, die einige Halte auslassen und die Strecke von Krefeld Rheinstraße bis Düsseldorf Hbf in 40 anstatt den üblichen 44 Minuten schaffen. Ab dem Bahnhof Meerbusch-Görgesheide verkehrt zeitweise zusätzlich die „U 74", die den Meerbuschern eine direkte Verbindung in den Düsseldorfer Süden nach Holthausen bietet.

Bei Meerbusch-Görgesheide ist diese Doppeltraktion „B80D" als U 76 auf dem Weg nach Düsseldorf – der hintere Triebwagen trägt die Lackierung eines hiesigen Fußballclubs.

Im Jahr 1924 bestellte die Rheinbahn einen Speisewagen und setzte ihn auf der K-Bahn ein. Da die Fahrgäste den Service sehr gut annahmen, wurden vier weitere derartige Fahrzeuge bestellt. Die Bewirtschaftung der Speisewagen oblag zunächst dem Düsseldorfer Nobelhotel „Breidenbacher Hof" und ging später in die Hände und Verantwortung einiger von dessen Angestellten über. 1963 wurde der Service auf der Krefelder Strecke mangels Rentabilität aufgegeben. Von 1989 bis 2014 gab es einen erneuten Versuch mit einem Bistroabteil, über das jeder zweite Stadtbahnwagen vom Typ B verfügte, doch da sich danach kein Pächter mehr fand, baute die Rheinbahn die Stadtbahnwagen wieder zurück.

33 Verkehrsknoten in die Niederlande
Hauptbahnhof Viersen

Während im 19. Jahrhundert zwei verschiedene Eisenbahngesellschaften um die Gunst der Viersener Fahrgäste durch eigene Bahnhöfe warben, ist die Kreisstadt heute wichtiger Knotenpunkt für den Güterverkehr mit direkter Verbindung ins niederländische Venlo. Hier halten drei RE- und zwei RB-Linien sowie ein IC.

Im Zuge der Eröffnung der Eisenbahnstrecke von Ruhrort nach Gladbach am 5. Oktober 1849 durch die Ruhrort-Crefeld-Kreis Gladbacher Eisenbahn-Gesellschaft erhielt Viersen seinen ersten Bahnhof, der sich ungefähr auf Höhe der Krefelder Straße befand. Die Gesellschaft ging schon 1866 in der Bergisch-Märkischen Eisenbahn-Gesellschaft (BME) auf, die den Bahnhof in Viersen BME umbenannte. Im selben Jahr erlangte die BME mit ihrer neuen Strecke nach Venlo Anschluss an das niederländische Streckennetz. Damit holte sie den Vorsprung auf, den sich 1856 die Cöln-Mindener Eisenbahn-Gesellschaft (CME) mit ihrer Strecke nach Arnheim (vgl. Kapitel 1) und die RhE 1865 mit ihrer Strecke nach Nimwegen (vgl. Kapitel 2) verschafft hatten.

Am 1. November 1878 erreichte dann auch die RhE mit ihrer Bahnstrecke von Neuss aus die Stadt Viersen. Sie errichtete dort einen Kopfbahnhof, der sich ungefähr an der Stelle des heutigen Viersener Bahnhofs befand. Nach der Verstaatlichung beider Bahngesellschaften 1880 wurde 1887 der komplette Personenverkehr vom Rheinischen zum Bergisch-Märkischen Bahnhof verlagert und der Kopfbahnhof Viersen RhE abgerissen. Kurios ist, dass es rund 30 Jahre später zur Rückverlagerung des kompletten Viersener Bahnhofes an den Ort der ehemaligen RhE-Station kam, denn 1917 wurde die ehemals geradlinig nach Gladbach verlaufende BME-Strecke zugunsten eines Straßenneubaus liquidiert. Darüber hinaus verschwand die 1887 gebaute Verbindungskurve. Stattdessen wurden die ehemalige Rheinische Trasse wieder reaktiviert und die heutigen Bahnanlagen mit getrenntem Personenbahnhof und Güterbahnhof an der Stelle des ehemaligen Rheinischen Bahnhofs errichtet. Nunmehr wurde die ehemals Bergisch-Märkische Strecke in weitem Bogen von Osten her an den neuen Bahnhof angeschlossen und der alte Bahnhof verschwand.

Die neue Trasse trifft zwischen Viersen RhE und Neersen bei Streckenkilometer 4,6 auf die ehemalige Strecke der RhE, die in diesem Teilstück heute als zweigleisige und seit 1964 elektrifizierte Hauptstrecke in Betrieb ist. Heute ist der Viersener Bahnhof ein Trennungsbahnhof, wo sich die beiden Strecken von Duisburg nach Mönchengladbach und von Viersen nach Venlo treffen. Hier halten stündlich der RE 13 „Maas-Wupper-Express“, der Hamm mit Venlo verbindet, der RE 42 „Niers-Haard-Express“, der zwischen Essen und Mönchengladbach

Ellok-Klassiker 110 281 legt am 10. August 1985 mit D 2520 von Köln nach Den Haag einen Zwischenhalt in Viersen ein.

verkehrt, die RB 33 „Rhein-Niers-Bahn", die von Essen nach Aachen fährt sowie die RB 35 „Emscher-Niederrhein-Bahn", deren Züge von Gelsenkirchen nach Mönchengladbach unterwegs sind. Außerdem wird Viersen von Montag bis Freitag von einem täglichen Zugpaar des RE 8 „Rhein-Erft-Express" als „Verstärker" bedient. Dieses verkehrt morgens von Kaldenkirchen über Mönchengladbach nach Köln Messe/Deutz und nachmittags zurück. Seit dem 15. Dezember 2013 gibt es zudem eine werktägliche InterCity-Verbindung von Aachen nach Berlin am Morgen und umgekehrt am Abend.

Die ehemalige Bahnstrecke nach Neuss ist bereits am 23. Mai 1971 stillgelegt worden. Wie Sie in Kapitel 41 nachlesen können, wird derzeit über eine Teilreaktivierung bis nach Neersen nachgedacht. Von dort aus könnte die S 28 bis nach Viersen und Venlo oder über Mönchengladbach-Neuwerk bis nach Mönchengladbach Hbf verlängert werden.

Die Bahnstrecke von (Duisburg-)Ruhrort hatte als Abschnitt der überregionalen Verbindung Aachen–Dortmund seit der Errichtung der Hochfelder Eisenbahnbrücke (vgl. Kapitel 25) im Jahr 1873 bereits einen Teil ihrer Bedeutung verloren. Nach der Einstellung des Ruhrort-Homberger Trajektes (vgl. Kapitel 23) im Jahr 1885 war der nördliche Streckenast zwischen (Krefeld-)Uerdingen und (Duisburg-)Homberg dann praktisch bedeutungslos geworden.

Im Bundesverkehrswegeplan 2030 ist festgehalten, dass die Strecke von Viersen nach Venlo einen wichtigen Bypass zur Betuwe-Linie (vgl. Kapitel 1) darstellt. Aktuell ist sie allerdings zwischen Dülken und Kaldenkirchen lediglich eingleisig. Daher ist geplant, durch ein zweites Gleis Abhilfe zu schaffen, sodass der Güterverkehrskorridor Rhein-Alpen kapazitiv gestärkt wird. Darüber hinaus könnte das Angebot im Personenverkehr zwischen Düsseldorf bzw. der Niederrheinregion und Venlo bzw. Eindhoven verbessert werden. Zusätzlich soll eine neue eingleisige Verbindungskurve in Viersen eine direkte Verbindung zwischen Venlo und Krefeld ermöglichen. Somit könnte das Ruhrgebiet mit dem Duisburger Hafen besser an die ARA-Häfen Antwerpen, Rotterdam und Amsterdam angebunden werden. Dieses Projekt wird derzeit als Alternative zum „Eisernen Rhein" für die direkte Verbindung zwischen Antwerpen und dem Ruhrgebiet untersucht.

34 Vom Niederrhein in den Urlaub
Autoreise- und Nachtzüge

Nachtzüge mit Schlaf- und Liegewagen haben in Deutschland Seltenheitswert. Doch wer sich abends gegen 20.00 Uhr an Gleis 20 des Düsseldorfer Hauptbahnhofs aufhält, kann die Vorbereitung eines der wenigen Nachtzüge beobachten. Der NightJet der Österreichischen Bundesbahnen wird sich um 20.55 Uhr auf den Weg nach Wien machen.

Doch werfen wir zunächst einen Blick in die Vergangenheit, als über Nacht verkehrende Schnellzüge üblicherweise Schlaf- und Liegewagen mit sich führten. Nehmen wir die Niederrheinstrecke von Düsseldorf in Richtung Süden als Beispiel, so standen den Reisenden in den 1960er-Jahren etliche Nachtzüge zur Verfügung und klangvolle Namen ließen Fernweh aufkommen. Hervorzuheben sind der Fernschnellzug F 108 „Holland-Italien-Express", der Amsterdam mit Rom verband und der D 12 „Nord-Express", der die lange Strecke von Kopenhagen nach Paris zurücklegte. Mehrere Nachtzüge fuhren von Düsseldorf nach München und verbanden die Landeshauptstadt darüber hinaus mit Wien, Innsbruck und Interlaken.

Bis weit in die 1990er-Jahre und selbst nach der Jahrtausendwende konnte man von Düsseldorf aus mit Nachtzügen in die Schweiz, nach Österreich oder Paris reisen. Der „Holland-Italien-Express" hieß nun D 201 und es waren sogar neue Schnellzüge hinzugekommen, obwohl der Trend zu IC und ICE eingesetzt hatte. Noch war das Angebot recht breit, wurde aber in der Folgezeit immer mehr ausgedünnt. Schließlich gab es nur noch wenige Nachtzüge.

Ein Grund für diese Entwicklung ist in der Einführung von Hochgeschwindigkeitszügen zu sehen. Gerade innerdeutsche Verbindungen von Düsseldorf nach Berlin oder München verloren für nächtliche Reisende an Attraktivität,

konnte man doch in wenigen Stunden mit dem ICE sein Ziel im Sitzwagen erreichen, ohne eine ganze Nacht im Zug zubringen zu müssen.

Letztendlich ausschlaggebend für die Deutsche Bahn, sich Ende 2015 von der beliebten City Night Line zu verabschieden, waren jedoch anstehende hohe Investitionen, um den überalterten Wagenpark zu erneuern. Demgegenüber verfolgte die österreichische Staatsbahn ÖBB eine gänzlich andere Strategie: Sie hatte ihr internationales Nachtzugangebot stetig erweitert und auch modernisiert.

Seit Dezember 2016 verkehren die neuen Nachtzugverbindungen der ÖBB in Deutschland. Diese werden unter der Marke Nightjet (NJ) vermarktet und erweisen sich als ausgesprochen erfolgreich. Sie bedienen dabei vor allem die Nord-Süd-Achse innerhalb Deutschlands.

Aktuell wird Düsseldorf mit dem NJ 40421/40490 mit Wien verbunden. Ein Zug startet auch in Düsseldorf und fährt über München nach Innsbruck. Es können sogar Autos und Motorräder befördert werden. Damit wird an die große Tradition der Autoreisezüge angeknüpft, die noch vor wenigen Jahren von Düsseldorf nach Österreich, Italien und Frankreich fuhren.

Diesellok 81 „Moritz" der Bahnen der Stadt Monheim rangiert am 27. Juli 2007 einen Autozug im Düsseldorfer Hauptbahnhof, der mit Mietlok ES 64 F4-032 bespannt ist.

35 Exoten am Niederrhein
Bayerische Schnellzugloks im Einsatz

Zu den Höhepunkten im deutschen Lokomotivbau gehören mit Sicherheit die bayerischen Schnellzuglokomotiven der Firma Krauss-Maffei in München. Bevorzugt in Bayern beheimatet und eingesetzt, kamen Pacific-Loks mit der Achsfolge 2'C 1' planmäßig und vor Sonderzügen auch an den Niederrhein.

Die Einsätze von drei Maschinen – der 18 478, der 18 505 und der 18 323 – sind für uns Highlights, die in diesem Buch nicht fehlen dürfen.

Beim Bayerischen Eisenbahnmuseum in Nördlingen kann noch eine Lokomotive der legendären Reihe S 3/6, die 18 478, unter Dampf bewundert werden. Maschinen dieser Baureihe kamen in den 1920er-Jahren vor dem „Rheingold" zum Einsatz und waren deshalb auch regelmäßig in Köln und Düsseldorf anzutreffen.

Seit 1997 gehört 18 478 dem Bayerischen Eisenbahnmuseum. Unterstützt durch die Firma Märklin konnte die Lok, die 1959 ausgemustert worden war und von dem Schweizer Ingenieur Serge Lory vor dem Schneidbrenner gerettet wurde, wieder vor Sonderzügen eingesetzt werden. Im Jahr 2000 erhielt die Maschine auf Betreiben des Modellbahnherstellers Märklin einen blauen Anstrich, in dem sie dann auch als Modell erhältlich war. In einer ähnlichen Farbgebung waren Maschinen der Baureihe in den 1920er-Jahren auf Ausstellungen präsentiert worden. Die blaue S 3/6 begeisterte dann auch bei mehreren Sonderfahrten am Niederrhein und im Ruhrgebiet die Eisenbahnfreunde. In ihrer bayerischen Heimat fährt sie heute wieder in der Farbgebung, die sie wahrscheinlich bei ihrer Indienststellung 1918 trug.

Eine weitere S 3/6, die 18 505, und eine badische IV h, die 18 323, hatten das Glück, die Ausmusterungswelle Ende der 1950er-Jahre zu überstehen, weil sie dem Bundesbahn-Versuchsamt in Minden zugeordnet waren und dort bis Ende der 1960er-Jahre benötigt wurden.

Schnellzug-Dampflokomotive 18 505, Baujahr 1924, sah etwas ungewöhnlich aus, weil sie einen fünfachsigen Schlepptender des Typs 2´3 T38 der ausgemusterten 45 004 erhalten hatte. Von 1955 bis 1967 nutzten die Mindener die Lok für Testfahrten. Am 10. Juli 1969 wurde sie ausgemustert und befindet sich seit 1972 in Neustadt/Weinstraße als Museumslok, wo sie mit jenem von der 18 612 wieder einen passenden Schlepptender erhielt. Anlässlich des Dampfabschieds in der Bahndirektion Köln konnte die Lok wieder den Niederrhein besuchen und gab mit den Wagen des historischen „Rheingolds" ein authentisches Bild der frühen Reichsbahnzeit wieder. 1985 war sie zum 150. Jubiläum der deutschen Eisenbahn auf der Fahrzeugschau in Bochum-Dahlhausen zu sehen.

Die Baureihe 18.3, von der noch drei Maschinen nicht betriebsfähig erhalten sind, ist die letzte bei Krauss-Maffei in München entwickelte 2'C1'-Lokomotive, für deren Konstruktion Erfahrungen aus der Entwicklung der S 3/6 genutzt

Am 14. September 1969 befuhr 18 323 mit einem voll besetzten Sonderzug und an der Strecke verfolgt von zahlreichen Eisenbahnfreunden die Niederrhein-Hauptstrecke von Düsseldorf über Oberhausen und Emmerich in die Niederlande, wo dieses Foto entstand.

wurden. Auch sie erhielt das bewährte und laufruhige Fahrwerk mit vier Zylindern, was sie zu einer leistungsstarken und sparsamen Maschine machte.

Lokomotiven der Baureihe 18.3 dienten in den 1930er-Jahren als Zuglok des „Rheingolds“ und anderer hochwertiger Schnellzüge. Vom Betriebswerk Koblenz aus gelangten sie auch über Köln und Düsseldorf bis ins Ruhrgebiet.

Als badische Lokomotive hatte die 18.3 die Bezeichnung IV h getragen. Nach dem Zweiten Weltkrieg wurde sie als sogenannte Splittergattung – das heißt, es gab nur wenige Maschinen dieses Typs – bereits im September 1948 ausgemustert. Doch da schnellfahrende Lokomotiven für Versuchszwecke gebraucht wurden, wies man sie 1950 zunächst der Prüfanstalt Göttingen zu, die später nach Minden verlegt wurde. So kam es, dass 18 323 bis 1968 für Versuchs- und Probefahrten in Minden beheimatet war. Für etwa ein Jahr wurde sie nach Schließung des Betriebswerks Minden noch nach Lehrte umbeheimatet und Anfang Dezember 1969 ausgemustert. Heute steht die Lok als Schaustück vor der Fachhochschule in Offenburg.

Als einzige Länderbahn-Schnellzuglok erhielt 18 323 in den letzten Jahren ihres Einsatzes auch eine Computernummer und absolvierte 1969 noch einige Fahrten für Eisenbahnfreunde. Bei einem Ausflug an den Niederrhein erreichte sie über Oberhausen und Emmerich sogar die Niederlande.

36 Historischer Nahverkehr in Düsseldorf
Die Straßenbahnlinie D

Mit der Historischen Straßenbahnlinie D ist der eingetragene Verein „Linie D – Arbeitsgemeinschaft historischer Nahverkehr Düsseldorf" gemeint. Er wurde im Jahr 1992 mit dem Ziel gegründet, die Geschichte und Vielfalt der Verkehrsbetriebe und Hersteller in der Region zu dokumentieren und der Öffentlichkeit zugänglich zu machen.

Der Vereinsname knüpft an die Tradition der von Düsseldorf ausgehenden Straßenbahn-Fernlinien an, die die Rheinbahn AG mit Buchstaben bezeichnete. Als Linie „D" wurde dabei früher jene nach Duisburg bezeichnet (die heutige U 79). Der Buchstabe „D" wird auch oftmals für die Landeshauptstadt Düsseldorf als Abkürzung verwendet – etwa bei den amtlichen Autokennzeichen.

Der Verein hat es sich zum Ziel gemacht, die Geschichte des öffentlichen Personennahverkehrs innerhalb des

Fahrzeugparade im Betriebshof „Am Steinberg“.

Betriebsgebiets der Rheinbahn zu sammeln und zu erforschen, daraus entsprechende Präsentationen und Veröffentlichungen zu erstellen und Ausstellungen zu veranstalten. Dazu erwirbt der Verein eigene Fahrzeuge, restauriert historisches Rollmaterial und baut ein eigenes Museum in dem über 100 Jahre alten ehemaligen Betriebshof „Am Steinberg“ in Düsseldorf-Bilk auf, in dem er seine historischen Schätze dauerhaft ausstellen kann.

Aktuell stehen dem Verein 20 Straßenbahnfahrzeuge, acht Busse und weiteres Fahrzeugmaterial aus unterschiedlichen Epochen zur Verfügung. Das meiste davon ist betriebsfähig. Zusammen mit der Rheinbahn organisieren die Mitglieder regelmäßig Stadtrundfahrten mit ihren historischen Fahrzeugen. Von Mitte März bis zu einer Nikolausfahrt für Kinder reicht dabei das aktuelle Veranstaltungsangebot des Vereins, das auf dessen Internetseite www.linied.net eingesehen werden kann. Highlight dabei ist etwa die „Krimi-Bahn“, in der spannende Autorenlesungen stattfinden. Alle Fahrten beginnen und enden am Düsseldorfer Hauptbahnhof (Einstieg am Bahnsteig 8 auf dem Bahnhofsvorplatz, Haltestelle der Linie 709 in Richtung Neuss). Fahrkarten sind im Vorverkauf in allen Kundencentern sowie über die Internetseite der Rheinbahn erhältlich.

‹ Aktuelle Niederflurbahn der Linie 712 mit Werbung „20 Jahre Linie D“ auf der Volmerswerther Straße in Düsseldorf.

37 Schweizer Firma am Niederrhein
Die Centralbahn AG

Bei der Einfahrt in den Mönchengladbacher Hauptbahnhof aus Richtung Krefeld sieht man sie auf der linken Seite: Wagen und Lokomotiven mit der Aufschrift „Centralbahn-Sonderzug". Die Farbgebung in beige/blau erinnert an den „Rheingold"-Express der 1960er-Jahre.

Der Standard im Inneren der Wagen hat 1. Klasse-Niveau in Sechserabteilen, wie sie jahrzehntelang den hochwertigen Reiseverkehr bestimmten. Den oberen Teil der Fenster kann man herabsenken, sodass Reisende – ganz anders als in modernen Zügen – sich den Fahrtwind um die Nase wehen lassen und ohne Spiegelungen fotografieren können. Das macht die Wagen auch sehr geeignet für Nostalgiezüge, die zudem mit centralbahneigenen Lokomotiven bespannt werden, die durchgängig musealen Wert haben und eine Augenweide für Eisenbahnfans sind.

Als privates Eisenbahnunternehmen mit Sitz in Basel bietet die Centralbahn AG Sonderzüge für nahezu jeden Bedarf an. Vom Partyzug über Nostalgiezüge reicht die Palette bis zum edlen Luxuszug; Speise- und Salonwagen stehen für beste Versorgung unterwegs bereit. Auch für den Güterverkehr bietet die Firma ihre Lokomotiven an.

Blicken wir auf die Geschichte zurück: In den 1960er-Jahren hatten junge Eisenbahnfreunde mit der Zeitschrift „Eisenbahn-Kurier", die zunächst in einfachem Offsetdruck erschien, ein neues Forum geschaffen, das mit Ende der Dampflokzeit hohe Popularität bei Eisenbahnfreunden gewann. Die weiteren Wege der Initiatoren führten zu Film, Video- und Reiseunternehmungen, die sich dem Hobby Eisenbahn verschrieben. Mitglied der Geschäftsführung ist der frühere Eigentümer des Eisenbahn-Kuriers und Mitbegründer des GeraMond-Verlags, Rudolf Josef Wesemann. Das Unternehmen ist in Deutschland als GmbH in Mönchengladbach registriert, wo in einem modernen Werk Lokomotiven und Wagen gepflegt und gereinigt werden. Als führender Veranstalter von Sonderzügen arbeitet die Centralbahn seit über 40 Jahren mit zahlreichen Partnern der „Sonderzug-Szene" zusammen. Ihre eigene Flotte umfasst mehrere Lokomotiven und über 80 Reisezugwagen. Sonderzüge starten in allen Teilen Deutschlands und fahren in etliche Nachbarländer. Die Eisenbahnfreunde OnWheels e. V., denen die Autoren dieses Buches angehören, setzen seit über 20 Jahren Züge der Centralbahn AG, teilweise sogar mit Dampflokomotiven, ein, die vom Ruhrgebiet aus Ziele wie Amsterdam, Hamburg, Norddeich, Heidelberg, Erfurt und Cochem erreichten.

Die Besonderheit der Triebfahrzeuge der Centralbahn zeigt sich oft schon in deren Baujahr, denn darunter sind gleich drei schweizerische Lokomotiven vom Typ Re 4/4 aus dem Jahr 1946! Von den ÖBB kommen drei weitere Loks. Eine Maschine des Typs 1042 stammt aus dem Jahr 1968; zwei Loks der Baureihe 1046 wurden 1959 gebaut. Von der Deutschen Bahn stammen Elloks der Baureihe E 10 (110) aus den Jahren 1963 und 1965. Im Werk rangiert eine farblich auf die Wagen abgestimmte V 60.

‹ Im Werk der Centralbahn AG steht im Sommer 2016 eine ehemalige DB-V 60 für Rangierarbeiten zur Verfügung.

38 Stadt mit zwei Hauptbahnhöfen
Mönchengladbach

Eine Stadt mit zwei Hauptbahnhöfen: So etwas gibt es angeblich deutschlandweit nur in Mönchengladbach und brachte die Stadt damit ins Guiness-Buch der Rekorde.

Die Gebietsreform von 1975, die zum Unwillen vieler Bürger ihre Stadt Rheydt zu einem Stadtteil Mönchengladbachs machte, führte zu diesem Kuriosum. Denn weil man sich nicht auf einen neuen Namen verständigen konnte, beließ es die DB bei der Bezeichnung „Rheydt Hauptbahnhof". Bis heute gibt es Bemühungen des Verkehrsverbundes Rhein Ruhr (VRR), einen neuen Namen zu finden, doch bisher vergeblich.

Diese Besonderheit ist aber auch schon das fast einzige echte Highlight, denn den Bahnhof Rheydt selbst sehen viele Bürger eher als Schandfleck denn als Kulturgut. Etwas besser steht es um den Mönchengladbacher Hauptbahnhof, der gerade ein Facelifting hinter sich und architektonisch einiges zu bieten hat.

Dem Besucher fällt bereits beim Gang durch den Bahnhofstunnel auf, dass er sich an einem geschichtlich bemerkenswerten Ort befindet. Großformatige Fotos zeigen den Wandel des Reisens und der Gebäude über die letzten fast 170 Jahre. Eine Dampflok der Baureihe 23 scheint geradezu auf den Betrachter zuzufahren. Eine weitere Großaufnahme dokumentiert den Zustand des fast völlig zerstörten Bahnhofs am Ende des Zweiten Weltkriegs. Alte Wandfliesen wurden sorgsam restauriert. Die tragenden Teile der Bahnsteighalle und Teile der Geländer wurden erhalten und wegen ihrer Bedeutung für die Geschichte der Stadt Mönchengladbach in die Denkmalliste eingetragen.

Bereits 1851 wurde der Hauptbahnhof erbaut. Nach dem Zweiten Weltkrieg erfolgte ein etwas vereinfachter Wiederaufbau, der den Charakter des historischen Gebäudes aber erhielt. Im Bahnhof, der über neun Bahnsteiggleise verfügt, die von der großen Halle überspannt werden, verzweigen sich verschiedene Strecken, die von der Aachen-Düsseldorf-Ruhrorter Eisenbahn Gesellschaft erbaut wurden. Heute führen die noch vorhandenen Strecken nach Aachen, über Neuss nach Düsseldorf sowie über Viersen und Krefeld nach Duisburg. Züge nach Köln fahren über Rheydt Hauptbahnhof und nutzen eine Verbindungsstrecke über Rheydt-Odenkirchen.

Auch der Hauptbahnhof Rheydt kann auf eine lange Geschichte zurückblicken. Er konnte im November 1852 eröffnet werden und befand sich im Bereich der Gleise des Inselbahnsteigs. 1907 baute man ein neues Gebäude weiter östlich, das aber im Zweiten Weltkrieg zerstört wurde. Der ganz im Zweckbaustil der Nachkriegszeit gehaltene Nachfolger wurde Ende 1952 eröffnet. Wegen eines Kinos im Obergeschoss ist die Fassade fensterlos gehalten. Ziemlich heruntergekommen präsentiert sich das Gebäude

Am 31. Mai 1966 konnten in kurzer Zeit im Hauptbahnhof Mönchengladbach drei Traktionen in ständigem Wechsel beobachten werden: Es gelang, einen Personenzug mit der 120 km/h schnellen E 41 neben einem Schnellzug mit Dampflok 03 abzulichten. Etwas später lief eine nagelneue V 160 ein.

in den letzten Jahren. Doch nachdem es 2015 die Entwicklungsgesellschaft der Stadt Mönchengladbach erwarb, gibt es Perspektiven für die Zukunft. Aktuell wird diskutiert, das marode Bahnhofsgebäude abzureißen und durch einen Neubau zu ersetzen, der dann allerdings nicht als Bahnhof dient, sondern zur Polizeistation werden soll.

Die vier Gleise des Bahnhofs werden für durchfahrende Güterzüge (Gleis 1), den Verkehr von und nach Mönchengladbach (Gleis 2 und 3) und die Regionalbahn 34 nach Dalheim sowie Fußballsonderzüge (Gleis 4) genutzt. Wegen des Einsatzes der neuen Fahrzeuge des RRX (Rhein-Ruhr-Express) wurden die Bahnsteige verlängert und auf eine Höhe von 76 Zentimetern gebracht. Eine weitere Modernisierung ist im Gange.

Freunde besonderer Lokomotiven behalten die zu den beiden Bahnhöfen gehörenden Betriebswerke in guter Erinnerung. Während in Mönchengladbach in den späten 1960er-Jahren noch Dampflokomotiven der Baureihen 03 und 23 beheimatet waren und vor Reisezügen im Wechsel mit neuen V 160 beobachtet werden konnten, gelangten die letzten DB-24er von Kleve nach Rheydt, wo sie neben 55ern für untergeordnete Dienste herangezogen wurden. Mönchengladbach verfügte fast 30 Jahre später neben dem Betriebswerk in Wanne-Eickel über die letzten Akkutriebwagen der Baureihe ETA 150 (515).

39 Über Schiefbahn und Neersen
Die alte Bahnstrecke Rheydt–Krefeld

Die Bahnstrecke von Krefeld zum Mönchengladbacher Stadtteil Rheydt ist größtenteils stillgelegt. Sie führte einst vom Krefelder Hauptbahnhof über Neersen, Schiefbahn und Mönchengladbach bis zum Rheydter Güterbahnhof.

Ausgehend von ihrem Bahnhof Krefeld an der linksniederrheinischen Strecke baute die Rheinische Eisenbahn-Gesellschaft (RhE) parallel zur bereits existierenden Linie der Bergisch-Märkischen Eisenbahn-Gesellschaft (BME) von Duisburg über Ruhrort nach Mönchengladbach, die sie zusammen mit der Ruhrort-Crefeld-Kreis Gladbacher Eisenbahn-Gesellschaft übernommen hatte, eine eigene Bahnstrecke in Richtung Mönchengladbach, die am 15. November 1877 eröffnet werden konnte.

Mit kürzeren Fahrzeiten durch eine geradlinige Streckenführung wollte sich die RhE Wettbewerbsvorteile verschaffen und vor allem die BME hinter sich lassen. Dabei hatte sie allerdings nicht bedacht, dass ein starkes Interesse an der Strecke auf Seiten der Bevölkerung ausbleiben könnte, wenn man größere und verkehrsbedeutende Städte wie Mönchengladbach und Viersen außen vor lassen würde. Das führte in den Folgejahren dazu, dass die Strecke nicht wirtschaftlich betrieben werden konnte.

Nach Verstaatlichung der RhE und deren konkurrierenden Unternehmen wurden die verschiedenen Strecken neu geordnet – so auch im Jahr 1909 mit Verlegung der Trasse Krefeld–Rheydt im Bereich Mönchengladbach. Zudem eröffnete man dort zeitgleich die heutige Güterumgehungsbahn, auf der Güterzüge zwischen Aachen und dem Ruhrgebiet bzw. Venlo das stark ausgelastete Teilstück Mönchengladbach Hbf–Rheydt Hbf der Bahnstrecke Mönchengladbach–Aachen umfahren können. Diese war bis 1963 zwischen der Abzweigstelle Eicken und dem Rheydter Güterbahnhof sogar zweigleisig.

Nachdem die deutsche Wehrmacht 1944 eine Eisenbahnbrücke gesprengt hatte, um den militärischen Vormarsch der Alliierten aufzuhalten, konnte die Strecke zwischen Mönchengladbach-Neuwerk und Mönchengladbach Hbf nicht mehr befahren werden. Die Verbindung wurde nach Kriegsende nicht wiederhergestellt, weshalb fortan nur noch Personenzüge zwischen Krefeld und Neuwerk verkehren konnten.

1968 wurde der Streckenabschnitt von Neersen nach Viersen stillgelegt. Von diesem Zeitpunkt an bestand nun keine Möglichkeit mehr, von Krefeld aus in Richtung Venlo zu fahren, ohne in Viersen zeitaufwändig die Lok umzuspannen und die Fahrtrichtung zu wechseln. Neersen war damit kein Knotenpunkt mehr und die Strecke eine Sackgasse. Anfang der 1970er-Jahre erfolgte zudem der Rückbau des zweiten Gleises zwischen Krefeld und Neersen.

Der Personenverkehr wurde auf der gesamten Strecke am 21. Mai 1982 eingestellt. Von Krefeld verkehrten in den

Wo heute eine vierspurige Überführung die Gladbacher Strecke/B57 über das verbliebene Anschlussgleis zum Stahlwerk leitet, war früher der Haltepunkt Krefeld-Stahlwerk zu finden. Hier lässt ein Akkutriebwagen der Reihe 515 nebst Beiwagen Reisende am 26. April 1970 in Richtung Krefeld aus-/zusteigen.

darauffolgenden Jahren bis zum 28. Mai 1994 noch Güterzüge mit Kies aus einer Lagerstätte an der Süchtelner Straße in Mönchengladbach. Die Verbindung zum Hauptbahnhof und das Verbindungsstück von der Süchtelner Straße zum Abzweig Eicken waren zu diesem Zeitpunkt bereits abgebaut. Die drei Brücken über die Süchtelner und die Brücke über die Eickener Straße wurden jedoch erst in der zweiten Hälfte der 1980er-Jahre abgerissen.

Dass die Strecke überhaupt über 100 Jahre alt werden sollte, ist allein der Britischen Rheinarmee zu verdanken, die ihr wieder eine strategische Bedeutung verlieh, als sie 1948 ins Stahlwerk Becker einzog. Das Ende des kalten Krieges bedeutete dann aber das endgültige Aus der Strecke. 1993 räumte die Pioniereinheit der britischen Rheinarmee das ehemalige Stahlwerk. Die Strecke wurde zu diesem Zeitpunkt lediglich noch zum Abzug der Briten benötigt. Am 31. Dezember 1994 erfolgte die endgültige Stilllegung und 1997 die Entwidmung durch das Eisenbahn-Bundesamt.

Die Bahnstrecke ist heute nur noch bis zur Anschlussstelle Krefeld Stahlwerk in Betrieb und dient dem lokalen Güterverkehr des Stahlwerks, das seit 2012 zum finnischen Konzern Outokumpu gehört. Zuvor wurde es von Thyssen Krupp und den Deutschen Edelstahlwerken betrieben. Nachdem Ende des Jahres 2013 ein Großteil der Produktion bis auf den Kaltwalzwerkstandort inklusive der Bandgießerei aufgegeben wurde, verkehren nicht mehr so viele Züge zum Stahlwerk wie in früheren Zeiten. Zudem werden die Gleisanlagen dort nur noch marginal für abgestellte Güterwagen benötigt. Der Rest der ursprünglichen Strecke ist heute komplett stillgelegt und zum Teil demontiert. Bis zum Jahr 2010 lag bis Mönchengladbach-Neuwerk noch ein Großteil der Gleise, doch seit 2011 wurden weitere Teile nördlich des Bahnhofs Neersen demontiert, um auf der ehemaligen Trasse einen breiten Fuß- und Radweg anzulegen. Dieser ist seit Herbst 2012 komplett fertiggestellt, sodass der ehemalige und heute in Privatbesitz befindliche Bahnhof Willich wieder von der Bahnsteigseite betrachtet werden kann. Neben einem ca. 250 Meter langen Gleisstück in Höhe Willich-Wekeln (Straße Klein Kempen nordwärts) existieren noch weitere längere Abschnitte nördlich der Straße L 361 sowie zwischen den Bahnhöfen Neersen und Mönchengladbach-Neuwerk. Die noch in Betrieb befindlichen Abschnitte sind heute eingleisig. Das Teilstück, das heute die Güterumgehungsbahn in Mönchengladbach bildet, ist elektrifiziert.

Aktuell gibt es Überlegungen zu einer Teilreaktivierung für die S-Bahn-Linie 28 (vgl. Kapitel 41).

40 Über Meerbusch, Neuss und Dormagen
Die Strecke Krefeld–Köln

Der damalige Präsident der Rheinischen Eisenbahngesellschaft (RhE), Gustav Mevissen, forderte den Bau einer Eisenbahnstrecke von Krefeld über Neuss nach Köln, zu deren Zweck 1853 die Cöln-Crefelder Eisenbahngesellschaft (CCE) gegründet wurde, die im selben Jahr die Konzession zum Bau der Strecke erhielt.

Aus Kostengründen wurde dabei zunächst im November 1855 der Abschnitt von Neuss, das damals noch Neuß hieß, nach Köln fertiggestellt. Das zweite Teilstück von Krefeld nach Neuss ging dann aber schon zwei Monate später in Betrieb. Die Strecke führte dabei unter anderem am Rand des Krefelder Stadtteils Fischeln entlang und besaß dort sogar einen eigenen Bahnhof. Diesen gibt es heute immer noch – auch wenn er zu einer Gaststätte nebst Biergarten umgebaut worden ist. Und heute halten hier die Züge der K-Bahn, einer Schnellstraßenbahn, über die wir in Kapitel 32 berichten. Denn die Trasse wurde nur rund zehn Jahre von Eisenbahnzügen genutzt, da die RhE bereits im Jahr 1866 beginnend ab Meerbusch-Osterath eine weitere Strecke durch das Ruhrgebiet baute und am 23. August im ersten Abschnitt eröffnete. Die Trasse über Fischeln wurde durch den Bau der „Oppumer Kurve“ (offizieller Name heute: Abzweig Lohbruch), wo Züge aus Köln, Neuss und Düsseldorf heute sowohl in Richtung Ruhrgebiet als auch in Richtung Krefeld, Viersen, Mönchengladbach und die Niederlande abbiegen können, überflüssig.

Heute wird das Teilstück der „Linksrheinischen Strecke“ von Krefeld nach Köln im Personennahverkehr montags bis freitags tagsüber halbstündlich und abends, an Wochenenden und Feiertagen im Stundentakt vom RE 10 „Niers-Express“ Kleve–Krefeld–Düsseldorf sowie vom RE 7 „Rhein-Münsterland-Express“ befahren, der von Krefeld aus über Neuss und Köln weiter bis nach Wuppertal, Hagen, Hamm, Münster und Rheine fährt. Betreiber des RE 7 ist die National Express Rail GmbH, die fünfteilige Elektrotriebzüge der Baureihe 442 mit einer Höchstgeschwindigkeit von 160 km/h einsetzt. Der RE 10 wird von der NordWestBahn GmbH (NWB) gefahren, die Dieseltriebwagen von Typ Coradia LINT 41H in Ein- bis Dreifachtraktion einsetzt, die bis zu 120 km/h erreichen. Die Strecke nach Düsseldorf zweigt auf Neusser Stadtgebiet vor dem dortigen Hauptbahnhof in Fahrtrichtung Köln links von der Strecke Krefeld–Köln ab. Zwischen Neuss und Köln befährt die S-Bahn-Linie 11 die Strecke und nutzt dabei im Kölner Stadtgebiet teils vorhandene eigene Vorortgleise.

Wenn Daniel mit seinen Söhnen einen Fahrradausflug macht, zieht es sie öfter zu dieser interessanten und abwechslungsreichen Strecke, die insbesondere auf dem Abschnitt von Krefeld bis nach Neuss eine hohe Dichte an

Nur einen Teil der Strecke Krefeld–Köln nutzen die Fahrzeuge des RE 10, die am Abzweig Weißenberg hinter dem Bahnhof Meerbusch-Osterath in Richtung Düsseldorf weiterfahren. Hier ist eine Doppeltraktion VT 648 am 18. September 2019 in Höhe des Fischelner Bruchs unterwegs.

Güterzügen und Lokleerfahrten aufweist und immer einen Besuch lohnt.

Bahnhof Meerbusch-Osterath

Der Bahnhof Meerbusch-Osterath ist der einzige Bahnhof in Meerbusch. Er befindet sich im Stadtteil Osterath und liegt an der linksniederrheinischen Strecke und der Bahnstrecke Osterath–Dortmund Süd, die durch das komplette Ruhrgebiet führt. Der Bahnhof wurde am 26. Januar 1856 von der RhE als Bahnhof Osterath eröffnet. Seit 1866 war er auch Anfangspunkt der Bahnstrecke nach Dortmund Süd. 1980 wurde er im Zuge der Gründung der Stadt Meerbusch in Meerbusch-Osterath umbenannt. Der Bahnhof befindet sich am östlichen Rand von Osterath an der Verbindungsstraße von Meerbusch nach Willich; das Empfangsgebäude wird inzwischen als Restaurant genutzt. Am 5. Dezember 2017 kam es in der Nähe des Bahnhofs zu einem größeren Eisenbahnunfall mit mehr als 40 teilweise schwer verletzten Personen, als der RE 7 „Rhein-Münsterland-Express" auf einen vor ihm stehenden Güterzug auffuhr.

Alle Bewohner von Osterath kennen den Bahnübergang an der Meerbuscher Straße, der auch „Glück-Auf-Schranke" genannt werden könnte. Denn die Schranken sind die meiste Zeit geschlossen – Glück also für die Osterather, wenn sie ausnahmsweise auf sind. Das liegt vor allem daran, dass es sich noch um eine mechanische Schrankenanlage handelt, die vom Osterather Stellwerk „Of" aus mit der Hand bedient werden muss. Aktuell werden im Rahmen von Umbaumaßnahmen bis Ende 2025 die beiden Bahnübergänge an der Meerbuscher und der Strümper Straße auf der anderen Seite des Bahnhofs zugunsten von Unterführungen beseitigt.

Rangierbetrieb ist heute im Bahnhof Osterath nicht mehr möglich. Jedoch zweigt kurz hinter dem Bahnhof in Fahrtrichtung Köln rechts ein Anschlussgleis zu einer Trafostation ab.

MAERSK
MAERS

RheinCargo 507, eine noch fast nagelneue, diesel-elektrische Vossloh DE 18 mit 1.800 Kilowatt Leistung, befördert am 5. Mai 2020 einen Containerzug bei Krefeld-Fischeln in Richtung Neuss.

41 Künftig bis nach Wuppertal
Mit der Regiobahn S 28 unterwegs

Die Bahnstrecke Neuss–Viersen ist heute überwiegend stillgelegt. Sie führte ehemals von Neuss Hbf über Kaarst, Schiefbahn und Neersen nach Viersen. Seit 1968 endete der Personenverkehr in Kaarst, doch es gibt Pläne zur Reaktivierung der Strecke im Hinblick auf die Verlängerung der S-Bahn-Linie 28.

Die Rheinische Eisenbahn-Gesellschaft (RhE) baute ausgehend von ihrem Bahnhof in Neuss an der linksniederrheinischen Strecke eine eigene Verbindung nach Viersen, die weitgehend parallel zu den Strecken Mönchengladbach–Düsseldorf und Duisburg-Ruhrort–Mönchengladbach der Bergisch-Märkischen Eisenbahn-Gesellschaft (BME) verlaufen sollte. Dabei verfolgte sie das Konzept einer möglichst geradlinigen Streckenführung, um sich durch kurze Fahrzeiten Wettbewerbsvorteile zu verschaffen.

Die Eröffnung des ersten Streckenabschnitts von Neuss nach Neersen erfolgte am 15. November 1877. Am gleichen Tag wurde auch die Bahnstrecke Krefeld–Rheydt der Betriebsöffentlichkeit übergeben. Das restliche Teilstück von Neersen nach Viersen folgte erst knapp ein Jahr später am 1. November 1878, sodass bis zu diesem Tage kein durchgehender Betrieb auf der Strecke möglich war.

Aufgrund der Streckenführung über Kaarst und Neersen konnte der verkehrstechnisch sehr bedeutende Bahnhof Mönchengladbach BME (heute Mönchengladbach Hauptbahnhof) nicht angefahren werden. Es verwundert daher nicht, dass das Reiseaufkommen auf der neuen Strecke verhalten blieb und sich der Verkehr als nicht wirtschaftlich herausstellte. Das änderte sich auch nicht, als im Jahr 1909 im Zuge der Verlegung der Bahnstrecke Krefeld–Rheydt die Verbindungskurve von Mönchengladbach-Neuwerk zum Hauptbahnhof entstand. Der Personenverkehr ab Kaarst wurde daher am 29. September 1968 eingestellt, der Güterverkehr folgte zum Jahresende 1984.

Das längere noch in Betrieb befindliche Teilstück ist heute eine überwiegend eingleisige und nichtelektrifizierte Nebenstrecke. Das kürzere hingegen wird heute zur Bahnstrecke Duisburg-Ruhrort–Mönchengladbach gerechnet und ist eine zweigleisige, elektrifizierte Hauptbahn.

Am 1. Januar 1998 übernahm die bereits 1992 gegründete, in kommunaler Hand stehende Regionale Bahngesellschaft Kaarst-Neuss-Düsseldorf-Erkrath-Mettmann mbH (kurz: Regiobahn) mit Sitz in Mettmann den Streckenabschnitt Neuss–Kaarst von der Deutschen Bahn, nachdem dieser 14 Jahre lang im Dornröschenschlaf gelegen hatte. Zwischen Neuss Hauptbahnhof und Kaarster See verkehrt heute die Linie S 28 der S-Bahn Rhein-Ruhr, betrieben von der ebenfalls kommunalen Regiobahn Fahrbetriebsgesellschaft mbH. Ab der Endhaltestelle bis zur Einmündung der geänderten Streckenführung von Mönchengladbach

Im Frühjahr 1980 passiert am späten Nachmittag ein dreiteiliger Dieseltriebwagen der Baureihe 624, ein Vorgänger der modernen Talent-Triebwagen der Baureihe 643 der Regiobahn auf seiner Fahrt nach Kaarst den Nordkanal bei Neuss.

nach Viersen ist die Bahnstrecke komplett stillgelegt und zum größten Teil demontiert. Auf einem Teil dieses Abschnitts errichtete man den Nordkanal-Radweg. Heute führt entlang des derzeit nicht mehr betriebenen Streckenabschnittes zwischen Kaarst und Viersen die Bahnbuslinie 094, die ähnlich dem Verlauf der alten Bahntrasse die Relation Kaarster See–Schiefbahn–Neersen–Viersen bedient.

Es gibt aber diverse Zukunftspläne für die Strecke: So soll die Elektrifizierung der in Betrieb befindlichen Abschnitte bis zum Jahr 2021 erfolgen, um den Einsatz neuer Elektrotriebzüge zu ermöglichen. Aufgrund einer geänderten Einstiegshöhe müssen die Gleise in den Bahnhöfen um 20 cm angehoben werden. Zudem soll ein Teilabschnitt der Strecke zwischen Neuss und Kaarst bis 2021 zweigleisig ausgebaut werden.

Darüber hinaus gibt es Planungen zur Verlängerung der Linie. Dazu soll die ehemalige Strecke bis Neersen reaktiviert werden. Aktuell werden zwei verschiedene Varianten diskutiert: Eine komplette Reaktivierung der Strecke, um die S 28 über Neersen nach Viersen und Venlo verlängern zu können, sowie eine Wiedererrichtung des Teilstücks der ehemaligen Bahnstrecke Krefeld–Rheydt (vgl. Kapitel 39) zwischen Neersen und Mönchengladbach-Neuwerk sowie der abgerissenen Verbindungsstrecke von Mönchengladbach-Neuwerk nach Mönchengladbach Hbf und eine damit einhergehende Durchbindung der Linie über Neersen nach Mönchengladbach. Nachdem die Stadt Mönchengladbach einer Verlängerung bislang ablehnend gegenüberstand, hat sie diese Haltung im Februar 2020 aufgegeben und begrüßt das Projekt nun ausdrücklich.

42 Mit einer langen Tradition
Die Rheinhäfen Neuss und Krefeld

Die Rheinhäfen in Neuss und Krefeld können auf eine lange Geschichte zurückblicken. Während der Neusser Hafen ein Industriehafen ist, der 1835 durch den Ausbau eines ehemaligen Seitenarms des Rheins entstand, ist der Hafen Krefeld ein Binnenhafen, der 1906 eingeweiht worden ist.

Rheinhafen Neuss

Der Rheinhafen Neuss besitzt fünf Hafenbecken. Zum Gewerbegebiet zählen unter anderem Containerstationen, die Produktion und Entwicklungsabteilung des Automobilzulieferers Pierburg, die Produktion des Feinkostherstellers Thomy, die Gipsproduktion von Knauf und die Papiertaschentücherherstellung von Tempo. Er ist damit ein wichtiger Wirtschaftsfaktor für die Stadt.

Im August 2003 entstand die Neuss-Düsseldorfer Häfen GmbH & Co. KG durch Fusion mit der Düsseldorfer Hafengesellschaft und nebenbei der drittgrößte Binnenhafen Deutschlands. Seit dem 1. August 2012 hat die RheinCargo GmbH & Co. KG als paritätische Tochter der Neuss-Düsseldorfer Häfen GmbH & Co. KG und der Häfen und Güterverkehr Köln AG die operativen Geschäfte übernommen. Durch diesen Zusammenschluss werden die Häfen in Neuss, Düsseldorf und Köln, die zusammen eine Hafenfläche von 720 Hektar haben, gemeinsam betrieben.

Das Hafenbecken 1, welches direkt an die Innenstadt angrenzt, wird immer weniger von der Industrie genutzt. Dort sind mittlerweile ein Kinokomplex, ein Bürogebäude und das Schulforum des Gymnasiums Marienberg angesiedelt. Die Umgestaltung des Hafenkopfes mit einer Treppenanlage und der Bau einer Brücke vom Quirinus-Münster zum Hafenbecken sollen den Freizeitwert des Hafenbeckens 1 erhöhen und ein Zusammenwachsen von Hafengebiet und Innenstadt fördern.

Der Krefelder Rheinhafen und seine Drehbrücke

Das Gelände des Krefelder Hafens erstreckt sich am Niederrhein von Kilometer 762,1 bis Kilometer 766,3 auf der linken Rheinseite. Der Zufahrt für Schiffe in das Hafenbecken befindet sich unter der Krefeld-Uerdinger Straßenbrücke. Bei unserem Besuch des Krefelder Rheinhafens fallen uns gleich große Krananlagen auf, die vorrangig für den Güterumschlag zuständig sind.

Zwischen modernen Gebäuden neuer Industrieansiedlungen sehen wir an der Spitze der Halbinsel die Hafenmeisterei. Sie ist weit sichtbar, verbindet das Heute mit dem Vergangenen und verweist so auf die lange Geschichte des Hafens, die 1906 richtig Fahrt aufnahm. Funde aus römischer Zeit belegen aber, wie weit die Geschichte wirklich zurückreicht, denn es wurde eine über 150 Meter lange Kaimauer gefunden, die Teil eines römischen Kastells war. Da das Flussbett

Diesellok Nummer 61 der Neusser Eisenbahn (NE) wartet im Neusser Rheinhafen auf weitere Aufgaben.

sich verlegte, „wanderte" auch der Hafen in nördliche Richtung.

Wir bewundern die alte Drehbrücke. Reste der Gleise im Straßenbelag vor der Brücke zeigen uns, dass hier früher auch Eisenbahnen über die Brücke direkt in den Hafen fahren konnten. Sie wurde 1905 im damals modischen Jugendstil erbaut. Auch heute muss die Brücke immer dann gedreht werden, wenn Schiffe passieren wollen, die gerade bei Hochwasser nicht unter dem Bauwerk hindurchpassen. Übrigens würde schon die Muskelkraft einiger Menschen genügen, um den Drehvorgang durchzuführen. Normalerweise obliegt es jedoch einem 30 PS leistenden Elektromotor, die 700 Tonnen schwere Brücke elf Zentimeter anzuheben und dann zu drehen, was rund 150-mal im Jahr geschieht. Damit es seine Aufgaben wahrnehmen kann, wurde das unter Denkmalschutz stehende Bauwerk mehrmals sorgsam restauriert und hat eine neue Lichtzeichen- und Schrankenanlage erhalten.

Perspektivisch ist eine weitere Brücke geplant, die auch mit der Hafenbahn verbunden werden soll. Die historische Drehbrücke soll dann nur noch Fußgängern und Radfahrern vorbehalten sein.

Heute machen die Züge einen großen Bogen, um in den Hafen zu gelangen und kommen aus südlicher Richtung zu den trimodal nutzbaren Anlagen (vgl. zu trimodalen Containerumschlagplätzen Kapitel 21) des viertgrößten (nach Duisburg, Köln und Neuss) Hafens in NRW. Mit seiner Uferlänge von über sieben Kilometern bedeckt der gesamte Hafen eine Fläche von 420 Hektar.

Seit 1905 ist das Eisenbahnunternehmen Teil des Hafenbetriebs. Auf insgesamt 56 Kilometern Gleisen sind acht Lokomotiven unterwegs. Etwa 40 Anschließer haben die Möglichkeit, die Eisenbahn zu nutzen. Die für den Betrieb notwendigen Lokomotiven, die in einer eigenen Werkstatt unterhalten werden, kommen auch darüber hinaus zum Einsatz.

Diesellok D II der Krefelder Hafenbahn fährt am 27. Juli 1988 über die historische Drehbrücke im Krefelder Hafen. Heute liegen darauf keine Schienen mehr.

43 Kuriose Elloks im Einsatz
Braunkohletagebau am Niederrhein

Die Grubenanschlussbahn der RWE Power (vormals Rheinbraun) besteht aus der Nord-Süd-Strecke und der von West nach Ost verlaufenden Hambachbahn. Der Eisenbahnbetrieb gehört zu den größten Privatbahnen Deutschlands. Auch im internationalen Vergleich ist der Eisenbahnbetrieb eine der größten Schwerlastbahnen der Welt.

Die Werksbahn von RWE Power verfügt über fast 50 Lokomotiven und etwa 1.000 Waggons. Das Schienennetz erstreckt sich über rund 300 Kilometer. Allein die beiden zweigleisigen Hauptstrecken, die Nord-Süd-Bahn und die Hambachbahn, sind zusammen rund 76 Kilometer lang. Jährlich transportiert die Werksbahn rund 65 Millionen Tonnen Rohkohlen, die aus den beiden Tagebauen gewonnen werden, zu den Kraftwerken Niederaußem, Neurath, Frimmersdorf und Goldenberg sowie den kohleveredelnden Fabriken Fortuna-Nord, Frechen und Ville/Berrenrath. Darüber hinaus befördert sie bis zu drei Millionen Kubikmeter Abraum, Löss und Kies. In Gustorf, einem Ortsteil von Grevenbroich unweit des Tagebaus Garzweiler, besteht über den Bahnhof Gustorf Anschluss an die Strecke Horrem–Neuss der Deutschen Bahn. Über die Strecke Niederaußem–Rommerskirchen ist das RWE Power-Netz ebenfalls an das Netz der DB angeschlossen. Im Südbereich der Nord-Süd-Bahn bestehen in Frechen-Benzelrath und Hürth-Berrenrath Verbindungen in das Netz der RheinCargo GmbH & Co. KG. Bei der Werksbahn sind ca. 580 Mitarbeiter beschäftigt.

Die Züge werden in den Tagebauen halbautomatisch beladen. Dabei durchfahren sie eine Beladebrücke, auf der ein Förderband verläuft. Die Massenschüttgüter werden durch einen Trichter von oben in die Waggons gefüllt. Damit dies möglich ist, sind die Fahrleitungen in diesem Bereich seitlich angeordnet. Während des etwa 15 Minuten dauernden Umschlags von rund 1.400 Tonnen Kohlen wird der Zug vom Beladepersonal funkferngesteuert. Bei den Abnehmern werden die Massenschüttgüter über Kippgräben, über Kohlenbunker oder über Zugentladeanlagen mit rund sieben Minuten Kippzeit entleert. Die Fabrikanschlussbahnen transportieren jährlich mehr als 1 Million Tonnen Veredlungsprodukte in Wagen nach Bauart der Deutschen Bahn. RWE Power stellt sie zu Zügen zusammen und übergibt sie für den Weitertransport an andere Eisenbahnverkehrsunternehmen wie etwa DB Cargo.

Zwar können Züge des öffentlichen Netzes auch auf RWE Power-Gleisen rollen, weil beide Systeme eine Spurweite von 1.435 Millimetern haben. Umgekehrt ist der Einsatz der werkseigenen Kohlen- und Abraumzüge auf öffentlichen Netzen nicht möglich, weil die Waggons mit vier Metern zu breit sind. Die gut 45 Kilometer lange zweigleisige Strecke der Nord-Süd-Bahn verbindet Frimmersdorf im Norden

RAG E 523 und 548 befördern gemeinschaftlich am 8. Mai 1959 einen Abraumzug auf der Nord-Süd-Bahn am Gleisdreieck Fortuna Nord bei Niederaußem.

mit dem Industriegebiet Hürth-Knapsack bzw. -Berrenrath im Süden. Ein 31 Kilometer langer, ebenfalls zweigleisiger Abzweig führt zum Tagebau Hambach, wobei die Fahrtzeit auf beiden Strecken jeweils eine Dreiviertelstunde beträgt. Die Anschlussbahnen der Fabriken und Kraftwerke sind ca. 159 Kilometer lang. Die Fahrleitungen werden mit Einphasenwechselstrom gespeist (6,6 Kilovolt, 50 Hertz).

Neben E-Loks älterer Bauart sind seit 1999/2000 auch zehn Elektrolokomotiven der Baureihe EL 2000 im Dienst. Auch die neuen Maschinen sind Spezialanfertigungen für den Schwerlastbetrieb, für eine Geschwindigkeit von 60 km/h ausgelegt und etwa 140 Tonnen schwer, um die nötige Zugkraft für die bis zu 2.100 Tonnen schweren Kohlenzüge auf die Schiene zu bringen. Insgesamt setzt die Werksbahn derzeit 31 Elektrolokomotiven, 344 Kohlenwagen und 85 Abraumwagen im Schwerlastverkehr ein. Kohlenzüge bestehen aus jeweils 14 Wagen, den sogenannten Sattelbodenselbstentladern. Sie entladen ihre Fracht gleichzeitig nach beiden Seiten durch untenliegende Klappen.

Für den Transport der Veredlungsprodukte von den Fabriken, Materialtransporte zwischen den Tagebauen und dem Technikzentrum in Frechen-Habbelrath sowie für den Rangierdienst im Kraftwerksbereich (Kalk, Gips, Asche) werden derzeit 18 Diesellokomotiven eingesetzt. Diese werden auch für Übergabefahrten zwischen dem RWE Power-Netz und dem Frechener Güterbahnhof genutzt, von wo aus RheinCargo die Wagen weitertransportiert.

Des Weiteren nutzt RheinCargo das südliche Drittel der Nord-Süd-Bahn für folgende Zwecke:

- Fahrten mit Wagen, die nicht für das DB-Netz zugelassen sind,
- Bedienung des Kohleveredelungsbetriebs Frechen (Brikettfabrik Wachtberg) im Brikettverkehr mit Kübelwagen.

44 Kleinbahnen am Niederrhein
Die Selfkantbahn

Kleinbahnen zur Erschließung strukturschwacher Regionen spielten in den teilweise wenig besiedelten Gebieten am Niederrhein eine große Rolle. Doch mit der Motorisierung in den Jahren des Wirtschaftswunders verloren diese Bahnen sehr schnell an Bedeutung, wurden eingestellt, abgebaut und sind vielfach heute vergessen.

In einigen Beiträgen dieses Buches erinnern wir an diese Bahnen, die über sehr unterschiedliche Fahrzeuge verfügten und oft einzigartige Betriebsabläufe aufwiesen. Nur die Selfkantbahn konnte dank großen Engagements von Eisenbahnfreunden als Museumsbahn überleben und zeigt heute auf vielfältige Weise, wie der Betrieb sich in früheren Zeiten abspielte. Seit 1984 ist sie die letzte der einst zahlreichen meterspurigen Kleinbahnen in Nordrhein-Westfalen.

Heute bietet die Selfkantbahn ihren Besuchern das Bild einer ländlich geprägten Kleinbahn, wie man sie in den 1950er-Jahren noch häufig erleben konnte. Gerade jungen Menschen wird damit das Erlebnis einer Zeit ermöglicht, in der das Auto nicht als Verkehrsmittel allgegenwärtig war. Originelle Veranstaltungen dienen dazu, ganz besondere Betriebssituationen vorzuführen, beispielsweise das Umladen während der Rübenernte oder den Transport normalspuriger Wagen auf Rollböcken.

Der Museumsbetrieb erfolgt auf einem Reststück der 38 Kilometer langen Geilenkirchener Kreisbahnen, die wir im nachfolgenden Kapitel vorstellen, und deren Ende im Jahr 1971 gekommen zu sein schien. Doch zwei Jahre vorher hatten Eisenbahnfreunde die Interessengemeinschaft Historischer Schienenverkehr e. V. (IHS) ins Leben gerufen und sich für die Erhaltung der Bahn eingesetzt. Der fünfeinhalb Kilometer lange Abschnitt der Strecke von Gillrath nach Schierwaldenrath wurde gepachtet und seit 1972 als Museumsbahn betrieben.

Am 14. August 1971, noch unter Betriebsführung der Geilenkirchener Kreisbahnen, fuhr der Eröffnungszug der Selfkantbahn von Geilenkirchen aus erstmalig über die Strecke. An besonderen Tagen gab es weitere Touren mit Dampfzügen.

Heute haben wir es mit einer Museumsbahn zu tun, die neben Originalfahrzeugen der ursprünglichen Bahn zahlreiche Lokomotiven und Wagen anderer bzw. stillgelegter Schmalspurbahnen erhält und im Betrieb präsentieren kann.

In Schierwaldenrath wurde ein Bahnbetriebswerk mit Werkstätte und Lokschuppen gebaut, in dem Besucher ohne Absperrungen beobachten können, wie die kleinen Maschinen mit Kohlen und Wasser versorgt und für ihren Einsatz vorbereitet werden. Im Jahr 1996 – zu ihrem 25-jährigen Bestehen – konnte die Selfkant-Museumsbahn sogar der Öffentlichkeit eine Museumshalle

Zum Herbstfest der Selfkantbahn war am 30. September 2012 Gastlok 99 6101 der Harzer Schmalspurbahnen in Doppeltraktion im Bahnhof Gillrath zu bewundern.

vorstellen, in der die Fahrzeuge Schutz vor der Witterung finden. Hier können auch besondere Fahrzeuge präsentiert und kleine Märkte veranstaltet werden. Begeisterung bei den Zuschauern findet zudem eine zu besonderen Anlässen aufgebaute Gartenbahn, auf der teilweise selbst gebaute Fahrzeuge und echte Dampflokomotiven zu bestaunen sind.

Die „großen" Museumsfahrzeuge zeigen einen repräsentativen Querschnitt durch die Kleinbahngeschichte. Sie stammen vielfach von stillgelegten Kleinbahnen, beispielsweise von der Sylter Inselbahn, der Dürener Dampfstraßenbahn, der Kreis Altenaer Eisenbahn oder der Klöckner-Hütte in Hagen. Sogar in Wagen der Rhätischen Bahn in der Schweiz kann man mitfahren!

Die Betreiber der Museumsbahn halten freundschaftlichen Kontakt zu anderen Meterspurbahnen in Deutschland und dem benachbarten Ausland. So kommt es auch zu interessanten Tauschs von Fahrzeugen: Ein Triebwagen der Selfkantbahn war auf den Harzer Bahnen unterwegs, während eine Dampflok aus dem Harz für einige Zeit im Selfkant gastierte.

45 Seit knapp 50 Jahren Geschichte
Die Geilenkirchener Kreisbahn

Die Geilenkirchener Kleinbahn soll mit weiteren Kleinbahnen Teil der Planung eines Netzes meterspuriger Bahnen gewesen sein, das die weniger besiedelten Gebiete entlang des Rheins bis zum Mittelrhein hätte erschließen können.

Soweit kam es aber nie, denn der Brückenschlag zum Netz der Geldernschen Kleinbahn, über die wir im Kapitel 6 berichten, kam nicht zustande und eine Verbindung gar bis ins Brohltal blieb höchstens Wunschdenken. Ausgehend von Brohl können wir aber mit dem „Vulkan-Express" ebenso wie bei der Selfkantbahn heute noch erleben, wie der Eisenbahnbetrieb in längst vergangenen Zeiten ausgesehen hat. Die Brohltalbahn, die heute als Museumsbahn mit gelegentlichem Güterverkehr betrieben wird, verfügt sogar über eine vierachsige Mallet-Lokomotive, die bis weit in die 1960er-Jahre dort im Einsatz war und seit wenigen Jahren wieder regelmäßig Züge befördert.

Zwei ähnliche Lokomotiven hat es auch am Niederrhein bei der Geilenkirchener Kleinbahn gegeben. Diese ersetzten vier kleine zweiachsige Dampfloks, wurden aber schon in den 1930er-Jahren nach und nach selbst durch

Diesellok V 11 und Triebwagen VT 100 befördern gemeinsam am 30. August 1960 einen Rollwagengüterzug nach Gangelt bei Geilenkirchen.

VT 100 wurde 1960 zu einem Schlepptriebwagen, der für die Beförderung von Personen- und Güterwagen geeignet ist, umgebaut. Hier rangiert er in Immendorf einen Güterwagen auf Rollböcken.

Dieseltriebfahrzeuge ersetzt. Dazu gehörten Wismar-Leichttriebwagen ebenso wie Triebwagen der Firma Talbot, die 1950 auf die Bahn gelangten. Ein baugleiches Fahrzeug dieses Typs, der VT 102, kann heute bei der Selfkantbahn im Einsatz erlebt werden, die das Fahrzeug 1999 von der Inselbahn Langeoog erworben hatte. In den 1950er-Jahren kamen auch Dieselloks der Klöckner-Humboldt-Deutz AG mit den Betriebsnummern V 10 und V 11 auf die Bahn, von denen V 11 nach zwischenzeitlichem Einsatz in Togo im Jahr 2001 erneut in den Selfkant gelangte. Sie ist inzwischen wieder einsatzfähig und wird auch im Sonderzugverkehr der Selfkantbahn eingesetzt.

Die ursprüngliche Strecke der Geilenkirchener Kreisbahn ging von Alsdorf nach Tüddern und war knapp 38 Kilometer lang. Die am 7. April 1900 eröffnete Bahn wurde nach anfänglicher Skepsis recht lebhaft von der Bevölkerung genutzt und erhielt sogar einen Spitznamen: Heggeströöefer (Heckenstreifer), womit auf die Fahrt entlang von Feldern und Hecken verwiesen wurde.

Doch dem großen Sterben der Kleinbahnen in den Jahren des „Wirtschaftswunders" entging auch diese Bahn nicht und 1970 war schließlich endgültig Schluss.

Geilenkirchen war ursprünglich als Kopfbahnhof konzipiert, in den die Strecken aus Tüddern und Alsdorf nebeneinander einliefen, ergänzt durch zahlreiche Lade- und Abstellgleise. Auch die Werkstätten und die Verwaltung der Kleinbahn befanden sich hier. Hinter dem Kreisbahnhof Geilenkirchen lag der

Diesellok V 11 und Wismarer Triebwagen VT 100 mit einem Rübenzug am 30. Oktober 1968 von Gillrath nach Geilenkirchen bei Bauchem.

normalspurige Bahnhof Geilenkirchen der Staatsbahn, also heute der DB. Auf dem Gelände der ehemaligen Kreisbahn wurden aber alle alten Gebäude abgerissen, um Abstell- und Versorgungsmöglichkeiten für Busse des Kreises Heinsberg zu schaffen.

Wie bei allen Kleinbahnen ging es auch bei dieser um die Beförderung landwirtschaftlicher Produkte sowie von Düngemitteln und Massengütern wie Sand und Kies. Hinzu kam ein Anschluss der Zeche in Alsdorf, die Arbeitskräfte aus der Umgebung benötigte und in Kapitel 49 vorgestellt wird.

Die Weltwirtschaftskrise Ende der 1920er-Jahre und die beginnende Motorisierung machten dem Bähnchen sehr zu schaffen. Um den Personenverkehr überhaupt aufrecht erhalten zu können, musste man Kosten senken. Dazu waren Triebwagen gut geeignet, die wesentlich weniger Personal und Unterhaltungsaufwand erforderten als die Dampflokomotiven. Bereits 1936 wurde ein erster Triebwagen der Wismarer Waggonfabrik eingesetzt. Die Einführung eines Rollbockbetriebs, bei dem normalspurige Wagen auf Fahrgestelle der Schmalspurbahn umgesetzt wurden, sollte weitere Kosten sparen. Allerdings konnten die Rollbockwagen nicht in gemischten Güter- und Personenzügen eingesetzt werden. Auf diese sogenannten GmP wurde deshalb ab etwa 1940 verzichtet. Gleichzeitig sorgte der Kriegsbeginn

In Bauchem konnte der Fotograf am 30. Oktober 1968 einen Rübenzug ablichten, der gemeinsam von V 11 und VT 100 gezogen wird.

für erhöhte Beförderungsleistung, weil Unmengen von Sand an die Westfront geliefert werden mussten. Dass es sich dabei um eine Scheinblüte handelte, machte die weitere Geschichte deutlich: Nach dem Ende des Kriegs waren die Anlagen der Bahn großenteils zerstört oder beschädigt. Erst nach einer anderthalbjährigen Pause konnten 1946 wieder einige Züge fahren.

In den Folgejahren nahm der Verkehr zwischen Geilenkirchen und Alsdorf immer mehr ab, worauf bereits im Mai 1953 der gesamte Personenverkehr auf Busse überging. Eine Reduzierung des Güterverkehrs machte den Abschnitt Puffendorf–Alsdorf überflüssig und bereits 1954 wurden die Gleisanlagen abgebaut. Der Betrieb aus Richtung Geilenkirchen endete nun in Puffendorf. Dort wurden Zuckerrüben in der Saison transportiert – ein Vorgang, den man auf der Selfkantbahn im Herbst museal nachgestellt sehr schön erleben kann. In den folgenden Jahren wurden auch die Verbindungen Geilenkirchen–Gangelt (1960), Jakobshäuschen–Geilenkirchen (1966), Langbroich–Schierwaldenrath–Gangelt (1969) und Langbroich–Geilenkirchen (1971) stillgelegt.

46 Mit kleinen Zügen durch die Natur
Dampfbahn im Leverkusener Stadtpark

Die kleinen Züge mit mehreren Anhängern zum Sitzen drehen den ganzen Tag lang in der Sommersaison von April bis Oktober ihre Runden. An Bord sind viele Kinder mit ihren Eltern, die das besondere Erlebnis von stilechten, der großen Eisenbahn nachempfundenen Miniaturlokomotiven in der Natur gerne erleben möchten.

Der Verein Dampfbahn Leverkusen e. V., der die Anlage mit den kleinen Zügen betreibt, hat es sich zum Ziel gesetzt, die Erinnerung an die Ära der Dampftechnik (speziell der Dampflokomotiven) zu erhalten und dem interessierten Publikum näherzubringen. Pro Fahrtag nutzen im Durchschnitt über 1.000 Besucher das Angebot.

Es ist schon eine bemerkenswerte Art, mit den Dampfbahnzügen durch den Stadtpark von Leverkusen zu fahren. Neben den Echt-Dampflokomotiven, die tatsächlich mit Kohle und Wasser betrieben werden, fahren dort auch batteriebetriebene oder benzin-elektrische Lokomotiven. Dabei ist es immer wieder faszinierend zu sehen, dass eine kleine Dampflokomotive einen Zug mit bis zu 20 Passagieren problemlos bewegen kann.

Neben dem öffentlichen Fahrbetrieb darf bei dem Verein auch jeder die Fahrzeuge und Lokomotiven aus der Nähe betrachten und anfassen. Dabei handelt es sich bei fast allen um Nachbauten in den Maßstäben 1:5 oder 1:8., in denen zumeist mehrere hundert Arbeitsstunden stecken. Jede Maschine hat einen Wert von rund 3.000 bis 5.000 Euro, so schätzen die Erbauer.

Es wird auf zwei verschiedenen Spurweiten gefahren: Fünf Zoll (127 Millimeter) und siebeneinviertel Zoll (184 Millimeter). Die Anlage umfasst eine Gleislänge von rund 380 Metern und hat neun Weichen. Es wird ständig an Erweiterungen gearbeitet. So ist es etwa geplant, die Anlage zur Parkmitte hin auszudehnen und um den dortigen Spielplatz herumzuführen. Außerdem gibt es ein Betriebswerk mit siebenständiger Drehscheibe und einer Hebebühne zum Ein- und Ausladen der Miniaturzüge aus den privaten Pkw der Vereinsmitglieder.

Die Fahrzeuge der Dampfbahn Leverkusen erfreuen sich großer Beliebtheit bei Jung und Alt. ›

Dampfbahn
Leverkusen e. V.
81004

47 Legendärer Zug auf der Hollandstrecke „Rheingold“

Im Sommer 1963 hatte Manfred mit seinen kleineren Geschwistern einen tollen Spielplatz entdeckt, der versteckt hinter Büschen des Volksparks in Sterkrade direkt an der Hollandstrecke lag. Auf einer Steinmauer sitzend hatten sie freien Blick auf die Schienen, konnten den Lokführern zuwinken und schrieben Loknummern eifrig in ihr Notizbuch.

Was gab es nicht alles zu sehen! Personenzüge dampften mit den immer gleichen Maschinen der Baureihe 78 vorbei, nur manchmal gab es eine 38er mit Windleitblechen zu sehen. 50er schleppten die langen Güterzüge. Doch die eigentliche Attraktion waren die blitzsauberen Schnellzüge, unter denen zwei besonders hervorstachen, die vormittags zu beobachten waren: Aus Richtung Amsterdam kommend war um kurz vor 10 Uhr der F10 „Rheingold“ laut dröhnend mit seiner modernen Diesellok der Baureihe V 200 vorbeigerast, ehe man das Erlebnis richtig genossen hatte. Und nach einer guten halben Stunde brummte der heute legendäre Schnelltriebwagen VT 11 als Trans-Europ-Express (TEE) mit dem Namen „Rhein-Main“ aus Frankfurt kommend an den Kindern vorbei. Da war es schon nicht so leicht, die Loknummern richtig zu lesen. Und zum Winken schien der Lokführer auch keine Zeit zu haben. Unvorstellbar für die Arbeiterkinder aus dem Ruhrgebiet, in einem dieser Züge, die nur die 1. Klasse führten, mitzufahren! Aber man konnte ja davon träumen.

Auf seinem Laufweg in Richtung Schweiz wurde der „Rheingold“ im Jahr 1963 bis Emmerich, über das wir in Kapitel 1 berichten, von einer niederländischen Ellok geführt. Bis Duisburg bespannte dann eine V 200 des Bw Hamm den Zug, ehe ihn eine E 10.12 der DB, die in den blau-beigen Farben des Zuges lackiert war, zur Weiterfahrt über Köln und am Rhein entlang übernahm.

Aufs Gleis gesetzt hatte den „Rheingold“ 1928 die damalige Reichsbahn. Er sollte für die zahlungskräftige Kundschaft Fahrten von der holländischen Küste mit Schiffsanschluss aus England bis in die Schweiz ermöglichen. Mit durchschnittlich fast Tempo 80 bei einem Maximum von 120 bis 140 „Sachen“ war dieser Zug ein wirkliches Vorzeigeprodukt. Dazu passten auch Lokomotiven, die als echte Langläufer mit hervorragender Laufruhe bekannt waren. Bayrische Schnellzugloks der Baureihen 18.4-5 aus den Werkshallen von Krauss-Maffei beförderten den Zug am Mittel- und Niederrhein bis in die Niederlande und weiter südlich kamen badische 18.3, ebenfalls von Krauss-Maffei gebaut, zum Einsatz. Die Vierzylindermaschinen galten als Höhepunkte der Konstruktionstechnik, auch wenn sie nach wenigen Jahren durch Einheitsloks der Baureihe 01 ersetzt wurden.

Ausgestattet war der Zug mit speziellen Wagen, die den zu dieser Zeit höchsten Komfort in Polstersitzen hinsichtlich

Beim Dampfabschied der Bahndirektion Köln 1976 in Stolberg wurde die bayrische S 3/6 18 505 mit den Wagen des Rheingolds aus den 1930er-Jahren sehr fotogen präsentiert.

Service und Essensversorgung boten. Einige dieser Wagen sind heute noch erhalten und werden vom Freundeskreis Eisenbahn Köln e. V. gepflegt und auch für Sonderfahrten eingesetzt. Über Wagen des „Rheingolds“ verfügen unter anderem auch noch die DB und die AKE-Eisenbahntouristik.

Während des Zweiten Weltkriegs verkehrte der Luxuszug nicht und erlebte erst 1951 als Fernzug mit neuen 1. Klasse-Wagen seine Auferstehung. 1962 führte er dann auch wieder eine Wagengarnitur in eigener Farbgebung und stach so aus dem normalen Erscheinungsbild der Bundesbahnzüge heraus.

Mit seiner Höchstgeschwindigkeit von 160 km/h ist der TEE 9 („Rheingold“) im Sommerfahrplan 1965 als schnellster Zug der Deutschen Bundesbahn ausgewiesen. Für die innerdeutsche Strecke von Basel nach Emmerich (644 Kilometer) benötigte er bei neun Zwischenhalten sechs Stunden und acht Minuten. Das ergab eine Reisegeschwindigkeit von 105 km/h. Der gesamte Laufweg des Zuges ging von Genf nach Amsterdam.

Allerdings blieb der „Rheingold“ nicht lange auf seinem Spitzenplatz in Sachen Reisegeschwindigkeit, denn die kurvenreiche Rheinstrecke konnte seit den 1970er-Jahren mit den teilweise auf 200 km/h ausgebauten Streckenabschnitten nach Hamburg und Hannover nicht mithalten, wo Reisegeschwindigkeiten von bis zu 120 km/h möglich waren.

Mit der Einführung von Intercity-Zügen mit 1. und 2. Wagenklasse ging die Nachfrage der Kundschaft für den Luxuszug, der mittlerweile als Trans-Europ-Express geführt und von den neuen Schnellfahrlokomotiven der Baureihe E 03 (103) gezogen wurde, zurück. Am 30. Mai 1987 war zum letzten Mal der Lokwechsel in Emmerich zu erleben. Heute kann der schöne und beliebte Zug im Sonderverkehr zu touristischen Zielen genutzt werden.

Mehrere Maschinen der DB-Baureihe E 10 und der österreichischen Baureihe 1042 wurden von ihren Besitzern mit dem blau-beigen Farbkleid des „Rheingolds“ versehen und eine davon bildet das Covermotiv dieses Buches.

48 Für den Betrieb am Niederrhein
Kölner Bahnbetriebswerke

Wie in einem Brennglas laufen in Köln zentrale Entwicklungsstränge der Eisenbahngeschichte zusammen. Neue Entwicklungen sind frühzeitig spürbar, das Nebeneinander von alter und neuer Technik ist auf faszinierende Weise zu erleben.

Mit der Entstehung der Bundesrepublik Deutschland und der Festlegung Bonns als provisorische Hauptstadt ergaben sich in mehrerlei Hinsicht neue Verkehrsströme, die besonders das südliche Niederrheingebiet betrafen. Der Personenverkehr stellte sich darauf ein, dass der Raum Köln/Bonn gleichsam zum Zentrum der Republik geworden war. Wegen der deutschen Teilung verlagerten sich Verkehrsströme von der Ost-West-Achse auf eine Nord-Süd-Linie, was dazu führte, dass die am Rhein entlangführenden Bahnlinien bis an ihre Kapazitätsgrenzen belastet wurden. Für diese Verkehrsströme, die trotz der Zunahme des Flug- und Autoverkehrs erhebliche Anforderungen an die Bahn stellten, mussten Triebfahrzeuge in genügender Zahl bereitgestellt werden.

Der Großraum Köln bot sich als Standort für Betriebswerke besonders an. Der große Aufwand, der zur Erhaltung der Dampflokomotiven notwendig war, die bis in die 1950er-Jahre den Bahnbetrieb auch am Niederrhein dominierten, verringerte sich mit der Umstellung auf elektrische und dieselbetriebene Fahrzeuge in den 1960er-Jahren. Eine weitere große Innovation begann in den 1990er-Jahren mit einer Erneuerung fast des gesamten Lokomotiv- und Triebwagenparks, weil die Entwicklung von Drehstrommotoren, die den über Oberleitungen gelieferten Wechselstrom nutzen konnten, neue Möglichkeiten hinsichtlich eines flexibleren Einsatzes der Fahrzeuge mit sich brachte. Hinzu kam der Übergang zum Hochgeschwindigkeitsbetrieb, der für Köln mit der Einrichtung einer Schnellfahrstrecke durch den Westerwald nach Frankfurt verbunden war, auf der planmäßig Geschwindigkeiten von bis zu 300 km/h gefahren werden.

Zwei für Dampflokunterhaltung zuständige Betriebswerke sind schon seit einiger Zeit geschlossen: Das Bw Köln-Gereon wurde im Zweiten Weltkrieg und das Bw Köln-Kalk Nord Ende der 1950er-Jahre als eigenständige Dienststelle aufgelöst. Das Werk Köln-Eifeltor, in dem Mitte der 1960er-Jahre noch etwa zehn kohlegefeuerte „Mikados" der Baureihe 41/041 sowie etliche 50er und 55er beheimatet waren, wurde 1975 zu einer Außenstelle des Werks Nippes, dessen Bedeutung damit erheblich wuchs. Es weist zwar heute keine eigenen Beheimatungen mehr auf und verlor schon 1990 auch seine Eigenständigkeit, erhielt jedoch große Anlagen, in denen seit 2015 S-Bahn-Züge von DB Regio und seit 2018 auch ICE von DB Fernverkehr unterhalten werden.

Ein Rückblick zeigt, dass in den 1930er-Jahren von Nippes aus mehr als 30 preußische G 8, also 55er, vor

Im Sommer 1969 waren die preußischen Dampfloks der Baureihe 055 in Gremberg für Rangierarbeiten immer noch unverzichtbar. Im Betriebswerk wurden gleichzeitig mehrere von ihnen mit Vorräten versorgt.

Güterzügen nach Krefeld, Mönchengladbach und bis ins Ruhrgebiet zum Einsatz kamen. Von 1957 bis 1959 wurde das Bw ausgebaut und unterhielt so viele Dampf- und Diesellokomotiven wie noch nie in seiner Geschichte. Zeitweilig gehörten auch Vorkriegstriebwagen der Baureihe VT 36 dazu. Mit der Bezeichnung „Köln 1", die das Werk 1982 erhielt, zeigt sich die große Bedeutung, denn zu dieser Zeit waren hier mehr als 100 Diesellokomotiven der Baureihen 211, 212, 215, 260, 261, 290 sowie Kleinloks beheimatet. Im Rahmen der großen Verdieselung des Bahnbetriebs um 1965 waren bereits mehr als 40 Loks der Baureihen V 60, V 100 und V 160 hier anzutreffen.

Das Kölner Werk Gremberg war hingegen immer für den Güterverkehr zuständig. Es beheimatet heute Dieselloks der Baureihen 294, 296, 335, 362 und 363, die vorwiegend für Nahgüterzüge und Rangierverkehr gebraucht werden, sowie Elektroloks der Baureihen 145, 152, 185, 187, 189 und 193, die den Güterverkehr in Richtung Norden, Süden und Westen abwickeln. Es ist damit heute der größte Stützpunkt für Elloks in Nordrhein-Westfalen. Um 1970 waren in Gremberg noch letzte Einsätze der preußischen G 8.1 mit neuer Computernummer 055 zu beobachten. Zwei Schnellzugloks der Baureihe 03 wurden vorrangig für spezielle Züge im Dienste des belgischen Militärs genutzt.

Das Bw Köln-Deutzerfeld auf der rechten Rheinseite unterhält Fahrzeuge für DB Regio. Mit Beginn der Elektrifizierung verabschiedete sich das Bw Mitte der 1960er-Jahre von seinen Dampfloks der Baureihen 03 und 38.10 und war viele Jahre lang für über 100 neue Elloks der Reihen E 10, E 40 und E 41 zuständig.

Das bis 1964 eigenständige Bw Köln Bbf („Betriebsbahnhof") dient heute dem Fernverkehr. Auch historische Fahrzeuge sind hier immer wieder einmal als Gäste zu erleben.

49 Am westlichen Rand des Niederrheins
Erinnerungen an Industriedampfloks

Über hundert Jahre waren sie im Ruhrgebiet und am Niederrhein allgegenwärtig: Zechenlokomotiven, die unermüdlich Kohlezüge durch die Reviere schleppten.

Die meisten Menschen nahmen die fleißigen Maschinen überhaupt nicht wahr. Selbst eingefleischte Eisenbahnfans konzentrierten sich lieber auf die letzten Bundesbahn-Dampflokomotiven und ließen die qualmenden Werkloks links liegen.

Dabei boten diese oft ganz besondere Eindrücke. Manfred erinnert sich an den Blick von einer Straßenbrücke in Oberhausen auf die Anlagen der HOAG (Hüttenwerk Oberhausen AG), wo sein Vater arbeitete. In schöner Regelmäßigkeit nahm dort in den früher 1960er-Jahren eine kleine dreiachsige Rangierlokomotive mit einem Höllenlärm und viel Dampf mehrmals täglich kräftig Anlauf, um einige Schlackenwagen auf

den entstehenden Schlackenberg zu bugsieren. Ganz in Dampf eingehüllt konnte man von der Straße schließlich sehen, wie die Fuhre mit letzter Kraft und im Schritttempo den „Gipfel" erreichte. Heute befindet sich dort ein Einkaufszentrum.

Wir können hier nicht allen Zechendampfloks ein Denkmal setzen. Aber es lohnt sich ein Blick an den westlichen Rand der Niederrheinregion, wo auf den Zechen des „Eschweiler Bergbau-Vereins" (EBV) die letzten Industriedampfloks zum Einsatz kamen. Dort waren die Zeche Carl-Alexander in Baesweiler und das Verbundbergwerk „Anna/Emil-Mayrisch" bei Alsdorf die letzten Zechen in Deutschland, die mit selbst geförderter Kohle Dampflokomotiven betrieben.

Die letzten Industrielokomotiven am Niederrhein? So ganz stimmt das nicht, denn bis etwa 2006/2007 waren im Industriepark Oberbruch im Kreis Heinsberg zwei feuerlose Dampfspeicherloks im Einsatz. Lok 1, die 1922 von Hanomag geliefert worden war, diente als Reserve, während Lok 2, die das Werk in Meiningen erst 1987 verlassen hatte, nach der Wende Stammlok in Oberbruch wurde.

Doch bleiben wir bei den kohlegefeuerten Maschinen: Während bei der „großen Bahn" in Westdeutschland 1977 die letzten Feuer erloschen, hielten die kleinen Werkloks, von denen einige erst 1961 gebaut worden waren, bis in das Jahr 1992 durch und wurden nun von den Eisenbahnfreunden sehr intensiv beobachtet. Das ging auf der Zeche in Alsdorf bis zur Schließung der Kokerei besonders gut, weil man auch von außerhalb des Betriebsgeländes einen guten Blick auf den Rangierbetrieb hatte. Schwieriger war es auf der Steinkohlengrube „Emil Mayrisch" in Siersdorf, wo die Lokomotiven meistens nur für Werksangehörige erreichbar waren.

Die Zechenlokomotiven waren meist Drei- oder Vierachser, wobei letztere zumeist einen sehr bulligen Eindruck machten. Vereinzelt gab es auch noch kräftigere fünfachsige Maschinen. Viele Bergwerke ergänzten ihren Bestand zudem durch Staatsbahnlokomotiven, die dort nicht mehr benötigt wurden. Bekannt dafür war vor allem die Zeche „Carl-Alexander", über deren ungewöhnliche Loks Sie im nachfolgenden Kapitel mehr lesen können.

Wir schauen uns hier genauer an, was aus den letzten Dampfloks der EBV am Niederrhein geworden ist, denn etliche von ihnen können wir heute noch im Einsatz erleben oder als Ausstellungsobjekt besichtigen.

Die Vierkuppler EM 2 und EM 3, die bis zuletzt auf der Grube Emil Mayrisch unterwegs waren, sind heute noch museal erhalten. EM 2, gebaut von Krupp 1953, gehört heute den Eisenbahnfreunden Walburg und EM 3, die bereits 1940 von Krupp gebaut wurde, ist bei der „Landeseisenbahn Lippe e.V." im Extertal beheimatet.

Bis ganz zum Schluss der Dampflokzeit auf Industriebahnen waren auch die Vierkuppler „Anna 7", „Anna 8" und „Anna 12" im Einsatz. „Anna 7" war 1953 von Krupp an die Zeche „Auguste Victoria" in Marl-Hüls geliefert worden. Als Lok 5 beendete sie ihre Dienstzeit

◂ Altrote 215er des Betriebswerks Köln-Nippes waren in den 1970er- und 1980er-Jahren für den Abtransport von Kohle aus Alsdorf verantwortlich.

Von einer nicht mehr genutzten Laderampe konnten Eisenbahnfreunde den Betrieb auf der Zeche „Anna“ in Alsdorf sehr schön beobachten. Während die Dampflok Züge zusammenstellt, warten Dieselloks des Betriebswerks Köln-Nippes auf den Weitertransport.

auf der Grube „Emil Mayrisch“ und ist seitdem im Westfälischen Industriemuseum Henrichshütte in Hattingen ausgestellt. Dort befindet sich auch „Anna 12“, die erst 1961 von Krupp an die Zeche „Westfalen“ in Ahlen geliefert worden war und 1973 zum EBV wechselte. Um eine Besonderheit handelt es sich bei Lokomotive „Anna 8“. Sie wurde von Henschel 1938 für die Hersfelder Kreisbahn in Hessen gebaut und gehört zu den sogenannten „ELNA“-Lokomotiven, gebaut also nach einheitlichen Standards für Privatbahnen. Der 600 PS starke Vierachser gelangte 1960 nach Alsdorf und gehört heute zum dort ansässigen Bergbaumuseum Wurmrevier.

Bei den Delmenhorst-Harpstedter Eisenbahnfreunden ist „Anna 4“ noch in Betrieb zu erleben. Die C-gekuppelte Nassdampflokomotive des Typs „Hannibal“ wurde von Krupp 1961 geliefert.

Lok „Anna 6“ der Achsfolge D, die 1940 von Krupp aufs Gleis gesetzt wurde und von 1950 bis 1989 in Diensten des EBV stand, können wir heute noch zu besonderen Anlässen im Industriemuseum Zollern in Dortmund-Bövinghausen unter Dampf erleben.

Eine C-Dampflok vom Typ „Crefeld“, die der Hersteller Hohenzollern schon 1908 auslieferte, war von 1973 bis 1985 in Alsdorf als „Anna 9“ aktiv und gelangte zu einem Eisenbahnmuseum in Luxemburg.

In die Niederlande hat es den Dreikuppler „Anna 11“ verschlagen. Die 1953 von Krupp erbaute Lok befindet sich bei Stadskanaal Rail.

Porträt der Dampflok „Anna 3“ in der letzten Phase ihres Einsatzes im Werksbetrieb.

50 Bundesbahndirektion Köln
Dampfabschied 1976

Auch ein Abschied kann ein Highlight sein. So war es vom 2. bis zum 4. April 1976, als die Bundesbahndirektion Köln feierlich und mit zahlreichen Sonderzügen nebst ausgestellten Lokomotiven im Bahnbetriebswerk Stolberg die letzten „Dampfer" aufs Abstellgleis schickte.

Als besondere Gäste unter den Lokomotiven waren die bayerische S 3/6 18 505, die zuletzt dem Versuchsamt Minden zur Verfügung stand, ebenso hervorzuheben wie die 45 010, die stärkste deutsche Güterzuglokomotive. Aber auch 56 3006, die noch einige Jahre vorher bei der EBV-Zeche

„Carl-Alexander" in Baesweiler als Lok 4 im Einsatz war, erfreute die Eisenbahnfreunde. Manfred und seine Hobbykollegen hatten sie schon im Zecheneinsatz erlebt, wo Anfang der 1970er-Jahre auch noch Lok 3 der Grube zu bestaunen war. Denn bei der vierachsigen Tenderlok handelte es sich um eine pfälzische T 5 aus dem Jahr 1907! Auch diese Maschine war zum Abschiedsfest nach Stolberg gekommen. In Betrieb zu erleben waren zudem eine vierachsige Mallet-Lokomotive („Südzucker Susi" 98 727) und zwei preußische T 3 (89 7159 und „Walsum 5"). Vom Eisenbahnmuseum Bochum-Dahlhausen waren 01 008 und 66 002 ausgestellt, während 23 105 als letzte 1959 an die Deutsche Bundesbahn gelieferte Dampflok unter Dampf zu erleben war. Die Bahnbetriebswerke Rheine und Gelsenkirchen-Bismarck hatten 41 308 und zwei 44er beigesteuert, doch ist die Liste damit noch immer nicht vollständig. Bis zuletzt dienstfähig waren von den ausgestellten Lokomotiven in der Bahndirektion Köln allerdings nur noch Güterzuglokomotiven der allgegenwärtigen Baureihe 50 anzutreffen, von denen einige natürlich unter Dampf standen. Sogar der alte „Rheingold" wurde von einer 50er gezogen!

Die frühere Bedeutung des Betriebswerks wird deutlich, wenn wir uns Fahrzeugbestand und -einsatz Mitte der 1960er-Jahre anschauen. Für den Güter- und Rangierbetrieb standen dem Bw über 30 Loks zur Verfügung, die sich auf die Baureihen 50 (19), 55 (sieben) und 94 (sechs) verteilten. Hinzu kamen einige dieselbetriebene Kleinloks der Bauart Köf. Darüber hinaus verfügte das Betriebswerk über 20 einmotorige Schienenbusse VT 95, die auf den umliegenden Nebenbahnen die Dampfloks im Personenverkehr bereits ersetzt hatten.

Insgesamt hatte es in der Bahndirektion Köln Mitte der 1960er-Jahre noch bemerkenswerte Dampflokeinsätze gegeben, die weit in die Region des Niederrheins reichten. So wurden die nichtelektrifizierten Hauptstrecken von Mönchengladbach nach Köln und Aachen mit Schnellzugloks der Baureihe 03 befahren. Dampfloks rangierten in fast allen Bahnhöfen entlang des Rheins und schleppten Güterzüge in Industriegebiete und Häfen. Doch die meisten Reisezüge verkehrten bereits unter dem elektrischen Fahrdraht oder wurden von Dieselloks gezogen.

Im Güterverkehr konnten sich neben den 50ern kohlegefeuerte „Mikados" der Baureihe 41 (041) des Bw Köln-Eifeltor noch bis Anfang der 1970er-Jahre behaupten; im Rangierdienst gelang dies den preußischen G 8.1 (Baureihe 55.25) in Gremberg und Hohenbudberg.

◂ Zahlreiche Dampfloks aus Eisenbahnmuseen, von Eisenbahnfreunden und aus Betriebswerken der DB präsentierten sich zum Dampfabschied an der Drehscheibe des Bw Stolberg.

Die Autoren
Manfred Diekenbrock und Daniel Michalsky

Die Autoren dieses Buchs verbindet seit genau 30 Jahren die Leidenschaft für die Eisenbahn. Zunächst waren sie dabei Lehrer und Schüler, später dann zusammen Mitglieder des Vereins Eisenbahnfreunde OnWheels e. V., der nostalgische Sonderzüge und Gruppenreisen organisiert und sich für den Erhalt des Dorstener Bahnhofs als „Bürgerbahnhof" einsetzt.

Gemeinsam veröffentlichten sie in der Reihe „Sutton Zeitreise" die Bücher „Die Marschbahn – Auf Kursbuchstrecke 130 unterwegs zwischen Altona und Sylt" (2017), „Die Eisenbahn zwischen Ruhrgebiet und Münsterland – Oberhausen–Dorsten–Coesfeld–Rheine" (2018), „Das Eisenbahndreieck Essen, Bochum, Wanne-Eickel – Im Dienst für Kumpels, Kohle und Stahl" (2019) und „Ruhrgebiet – 55 Highlights aus der Bahngeschichte – Wie Schienenwege das Revier bis heute prägen" (2019) sowie in Eigenregie des Vereins die DVD „Lebendige Eisenbahngeschichte Volume 1, Ruhrgebiet–Münsterland, Staatsbahnen" (2005).

Beiden hat es die Eisenbahn seit früher Kindheit angetan. Während Manfred Diekenbrock in den 1960er-Jahren die Dampflokomotiven im Ruhrgebiet faszinierten, haben es Daniel Michalsky besonders die Dieselloks angetan.

Manfred Diekenbrock wurde 1950 in Oberhausen-Sterkrade geboren, lehrte bis zu seiner Pensionierung im Jahr 2016 an einem Bochumer Gymnasium und ist heute freischaffend als Bildungsreferent tätig. Er lebt in Dorsten-Wulfen an der Schnittstelle von Ruhrgebiet und Münsterland, ist verheiratet und hat einen Sohn und eine Enkeltochter.

Daniel Michalsky wurde 1980 in Hattingen (Ruhr) geboren, verbrachte seine Kindheit in Bochum und lebt heute am linken Niederrhein. Der studierte Jurist ist verheiratet, hat drei Söhne und ist bei einer großen gesetzlichen Krankenkasse im Personalbereich tätig.

Bildnachweis

Manfred Diekenbrock: Einband vorne, S. 7, 14/15, 21, 23, 25, 33, 35, 50/51, 53, 55, 56/57, 58/59, 65, 84, 87, 103 111, 113, 114, 116, 117;
Eisenbahnstiftung: S. 9, 11, 13, 16, 17, 19, 63, 77, 101, 104, 105, 106, 107;
Klaus Fritsch, Sammlung OnWheels: S. 49, 81, 118;
Sammlung Johannes Götte: S. 31;
Werner Häseler, Sammlung OnWheels: S. 27;
Hans Männel: S. 98/99;
Daniel Michalsky: S. 61, 73, 74/75, 91, 92/93;
Denis Möller: S. 37, 40, 41, 42/43;
Niek Opdam: Nachsatz;
Hal Palmer: S. 123;
Daniel Schmidt: S. 39;
Ludwig Schmidt: S. 95;
Verein Dampfbahn Leverkusen: S. 109;
Verein Linie D: S. 82, 83;
Martin Welzel: S. 89;
Paul Zimmer: Vorsatz, S. 28/29, 46/47, 66, 68/69, 70/71, 78/79, 97.

Literaturnachweis

Bücher

Kursbücher der Deutschen Bundesbahn, u. a. Sommer 1963, Herbst/Winter 1965/1966 und Sommer 1985

Georg Wagner: Die Deutsche Bundesbahn, Weltbild Verlag GmbH, Augsburg 1990

Heinz Josef Hüttenes: Schienengeschichte(n) – Historisches, Amüsantes und Kurioses über die Strecke Düsseldorf–Fischeln–Krefeld, Bürgerverein Krefeld-Fischeln e.V., Rheinische Bahngesellschaft Düsseldorf AG/Städtische Werke Krefeld AG, 1998

Gerd Wolff/Lothar Riedel: Deutsche Klein- und Privatbahnen, Band 5: Nordrhein-Westfalen, Nordwestlicher Teil, EK Verlag 1998

Gerd Wolff: Deutsche Klein- und Privatbahnen, Band 4: Nordrhein-Westfalen, Südlicher Teil, EK Verlag 1997

Markus Scholten: Verkehrsknoten Krefeld, EK Verlag 2018

Thomas Bartels/Armin Möller/Klaus Barthels: Bahnen am Niederrhein – Eine Bestandsaufnahme der Eisenbahnen am Niederrhein zwischen Arnhem und Rommerskirchen, Venlo und Oberhausen, Thomas Bartels Druck-Agentur GmbH, Mönchengladbach 2017

Hans Sölch: Berühmte Züge, Band 1 – Der Austria-Express, Über Nacht von den Niederlanden nach Österreich, xyania internet verlag Hans Sölch

Wolf-Dietger Machel: Enzyklopädie der deutschen Schmalspurbahnen, GeraMond Verlag GmbH, München 2011

Jürgen Becks und Martin Wilhelm Roelen (Hrsg.): Eisenbahnen am Niederrhein, Wesel 2005

Zeitschriften

Drehscheibe, Ausgaben 299, 303 und 305, Hefte 7/19 aus November 2019, 3/20 aus Mai 2020 und 5/20 aus August 2020

Eisenbahn Kurier Nr. 576, Heft 9/2020 aus September 2020

Schnellzug D 417 von Amsterdam CS nach München Hbf mit „HeiDi-Lok" 215 030 am 27. August 1983 bei Geldern.

Einband vorn: Museumslok E 10 1239 in kobaltblau-elfenbeinfarbener Rheingold-Lackierung, die vom Lokomotivclub 103 e. V. eingesetzt wird, steht abfahrbereit mit ihrem Sonderzug in Duisburg Hbf.

Vorsatz: Die beiden Dieseltriebwagen 648 433 und 422 haben sich am 11. Mai 2020 eben in Düsseldorf vor der Kulisse des Fernsehturms als RE 10 auf den Weg gemacht, um über Krefeld nach Kleve zu fahren.

Nachsatz: Der Fotograf konnte den legendären D 216/217 „Austria-Express" im August 1986 bei Nimwegen ablichten. Der Zug wird an diesem Tag von 218 136 befördert und besteht hauptsächlich aus österreichischen Schnellzugwagen sowie Schlaf- und Liegewagen.

Impressum

Sutton Verlag GmbH
Arnstädter Straße 8
99096 Erfurt
www.suttonverlag.de

ISBN: 978-3-96303-172-4
Druck: Florjančič Tisk d.o.o. / Slowenien
Gestaltung und Herstellung: Sutton Verlag

In diesem Buch wird aus Gründen der besseren Lesbarkeit das generische Maskulinum verwendet. Weibliche und anderweitige Geschlechteridentitäten werden dabei ausdrücklich mitgemeint, soweit es für die Aussage erforderlich ist.

P
S